FRÖBEL

外国名家谈教育

FRIEDRICH FRÖBEL
ON EDUCATION

德国教育家

福禄培尔
谈教育

［德］弗里德里奇·福禄培尔　著

周博文　译

辽宁人民出版社

图书在版编目（CIP）数据

德国教育家福禄培尔谈教育/（德）弗里德里奇·福禄培尔著；周博文译. —沈阳：辽宁人民出版社，2021.7

（外国名家谈教育）

ISBN 978-7-205-10081-0

Ⅰ.①德… Ⅱ.①弗… ②周… Ⅲ.①福禄培尔（Froebel，F.W.A. 1782—1852）—教育思想 Ⅳ.①G40-095.16

中国版本图书馆 CIP 数据核字（2020）第 253788 号

出版发行：辽宁人民出版社
　　　　　地址：沈阳市和平区十一纬路 25 号　邮编：110003
　　　　　电话：024-23284321（邮　购）　024-23284324（发行部）
　　　　　传真：024-23284191（发行部）　024-23284304（办公室）
　　　　　http://www.lnpph.com.cn
印　　刷：辽宁新华印务有限公司
幅面尺寸：160mm×230mm
印　　张：8.75
插　　页：8
字　　数：130千字
出版时间：2021 年 7 月第 1 版
印刷时间：2021 年 7 月第 1 次印刷
责任编辑：阎伟萍　孙　雯
装帧设计：留白文化
责任校对：耿　珺
书　　号：ISBN 978-7-205-10081-0
定　　价：38.00元

目录
Contents

导　言

关于福禄培尔

○ 福禄培尔

　　福禄培尔于 1782 年 4 月 21 日出生在德国图林根地区的施瓦茨堡—鲁道尔施塔特封地上的奥伯魏斯巴赫村。父亲是一位马丁·路德派的牧师，其祖辈是图林根地区的牧师、农民或是林务人员。福禄培尔未满周岁时（1783 年 2 月），母亲病逝，两年后父亲再婚。福禄培尔与继母的关系并不好，父亲又忙于工作，使得他的童年在孤独寂寞中度过，他在孤独和寂寞中养成了喜好沉思默想的习惯。为从这样乏味的生活中寻求一些人生乐趣，他时常在父亲的花园里观察与探究各类植物与自然现象，这激发了他对自然的热爱与强烈的求知欲。童年的不幸遭遇也使他对儿童有了极为特殊的感情，并很早就明白母爱的珍贵，意识到母亲与家庭对孩子的近乎决定性的意义，这对他日后独树一帜的教育思想的形成有巨大影响。

　　福禄培尔到了上学的年龄，就寄居在当牧师的舅舅约翰·霍夫曼家，在当地的国民学校就读。他早期的学校教育并不完善，仅仅在国民学校毕业后就开始了两年的林务学徒生涯，没能进入中学深造，此时他年仅 15 岁。林务学徒生活使福禄培尔更加了解自然，他试图通过与自然的密切接触来靠自学开阔自己的思路，力求透彻地认识自然与世界，追寻事物的奥秘及万物间的关系。他搜集石子与各类植物标本，钻研数学与植物学。1799 年，他进入耶拿大学哲学院，专攻自然科学与数学。当时在该大学任教的著名哲学家费希特和谢林对福禄培尔的哲学思想的形成与发展起到了巨大的影响。福禄培尔在大学进修一年后，因经济拮据，无力支付学费而再次被迫中断学业。1802 年，其父亲去世。在此后的几年里，福禄培尔曾从事见习林务员、土地勘测员和农场书记员等工作。这些职业虽不起眼，但对他一生的发展起到了关键的作用，完善了他的知识体系。

1805 年，福禄培尔前往德国法兰克福，预备研究建筑学，有志成为建筑师。但是一个偶然的机会改变了他的想法：他意外结识了一位热衷教育改革的裴斯泰洛齐的门徒——法兰克福模范学校校长格吕纳

◎ 1817 年，福禄培尔创立的"德国普通教养院"从德国的格里斯海姆迁入凯尔豪

（Anton Gruner），他建议福禄培尔在自己的学校任教。这是一所他完全遵照裴斯泰洛齐教育理论与原则而创办的学校，目的在于试验推广裴斯泰洛齐教育理论与方法。该学校当时被视为未来初等学校的"楷模"，因此称模范学校。格吕纳的主张让福禄培尔大受触动，他欣然接受了格吕纳的提议，出任该校的教师兼校长助理。这是他献身教育事业的起点，从此，教育成为他终生的事业。福禄培尔在这里认真学习钻研了裴斯泰洛齐的教育学说及各类教育文献，探索各种教育问题及其内在规律。

但他在法兰克福模范学校工作的时间并不长，第二年他便开始在霍尔茨豪森男爵家担任家庭教师，为期五年。当时家庭教师的社会地位并不高，但考虑到他的学生将来进大学深造时，他能以照管者和导师的身份陪伴他们一同入学，这是他进一步深造的绝佳机会。虽然最终没能如

福禄培尔出生地博物馆：德国奥伯魏斯巴赫

愿，但他得以在瑞士伊弗东裴斯泰洛齐的学校里进行了长达两年的逗留。

福禄培尔在伊弗东深受裴斯泰洛齐教育思想的影响，获得了多方面的启发。福禄培尔作为裴斯泰洛齐最忠实的信徒之一，批判性地消化、吸收了裴斯泰洛齐著作中的核心精神，进一步发展了其教育事业。福禄培尔在这一时期已形成了裴斯泰洛齐曾设想过的有关通过适合儿童自然天性的教学手段，使得学龄前儿童为进入初等学校学习做好事先准备的思想。这种最早期的教学明确反映各门科学的要素，并完全从幼儿的自身特点出发。他开始研究游戏对儿童身体发展和掌握知识的重要影响。

结束了家庭教师工作后，他进入柏林大学求学，在此期间，福禄培尔加入了由裴斯泰洛齐的追随者们组建的爱国团体，并在费希特、雅恩等著名爱国青年的感召下，于 1813 年参加了反抗以拿破仑为首的侵略者统治的解放战争（1813—1815），他在卢真志愿步枪队服役至 1814 年退伍。随后的两年间，他在柏林大学矿物学博物馆担任助理。在志愿步枪队服役期间，福禄培尔结识了米登多夫与朗格塔尔。在创建新教育体制问题上，他们志同道合，于是三人成为亲密同事并相伴多年。

福禄培尔经受了战斗生活的考验，在这一时期，他与米登多夫和朗格塔尔提出了关于资产阶级民主主义民族教育的最初设想，确定了为民族教育而献身的终身目标。他曾因德国当时四分五裂的状态而忧心忡忡，并提出教育好儿童才是民族未来的希望。从此，福禄培尔的理论便带有明显的民族主义色彩。

1816 年，福禄培尔在德国的格利斯海姆创办了自己的第一所学校，名为"德国普通教养院"，他的三个侄子与另外三个男孩成为他的首批学生。1817 年，学校迁往鲁道尔施塔特的凯尔豪。1818 年，福禄培尔与妻子霍夫迈斯特成婚，他的妻子是一位充分理解福禄培尔教育理

○ 位于德国亨夫施泰特的福禄培尔幼儿园

想的女性。福禄培尔在这所学校当中力图实施裴斯泰洛齐关于儿童天性
自然发展的教育原则，重视儿童的自我活动及自由发展，认为要教育出
"自由的、自觉行动的、有思想的人"。凯尔豪学校在福禄培尔主持下及
几位积极支持他的同事们的亲密合作下，成为培植爱国思想的场所，并
迅速发展壮大。

　　在凯尔豪，福禄培尔撰写了一系列关于人的教育的重要文章，其教
育名著《人的教育》也是在这一时期创作的。他还创办了《教育家庭》
周刊，以宣传他关于家庭教育的思想，并提出了（但未发表）《赫尔巴
计划》（Helba-Plan），在这个计划当中，他提出关于发展一种具有资产
阶级民主主义统一学校性质的国民教育机构的思想。

　　福禄培尔的教育思想是先进而超前的，但也正因为如此，其教育理
论和教育实践与当时的欧洲封建等级教育是严重对立的，所以他的教育
工作也必然遭到反动势力的压制。凯尔豪学校也由于和爱国青年有联系

而受到牵连，被诽谤为"蛊惑宣传者们的巢穴"和"培养造反精神的温床"。学校的活动遭受诸多限制，凯尔豪学校的支持者们惨遭迫害、拘捕和审问，这所学校几乎崩溃，学生人数急剧滑坡，在1829年时一度仅余6名学生。

但不管形势多么不利，无论从福禄培尔的教育著作还是从其教育实践工作而言，他始终坚持自己是一位坚定的民族主义者。正是在如此艰难的情况下，他以凯尔豪学校的工作经验为基础，写成了他一生中最主要的著作《人的教育》，并于1826年正式发表。

1831年，福禄培尔选择流亡瑞士，因为那里有利于他坚持从事政治教育活动。他希望利用国外的有利条件，真正实践自己的教育思想。

在瑞士，福禄培尔为创办以裴斯泰洛齐教育思想为指导的新学校而不断努力。在卢塞恩邦政府的大力支持下，他在瓦赫滕泽建立了这一类型的学校。但其办学活动遭到当地宗教势力的敌视和阻挠而未能获得显著成效。然后他于1834—1835年担任一所孤儿院的院长。在那里，他将全部精力都投入到学前儿童教育研究之中。

福禄培尔在任孤儿院院长期间所积累的宝贵经验，使他有可能去解决幼儿教育当中可能遇到的各种问题。他认识到一切教育的基础都以家庭为根基，认为培养精明能干的母亲具有绝对的必要性，而儿童最早期的教育在他看来重于一切。他决心至少把他的教育思想全面应用于下一代最早期的教育工作中，并在妇女界争取获得支持。

1836年，福禄培尔返回故乡图林根，开始设计一套契合自身教学理论要求的游戏材料，以帮助和指导母亲们改进学前教育工作。1837年，他在德国勃兰根堡开办了一个名为"发展幼儿活动本能和自发活动"的教育机构。在那里，他在自己研究成果的基础上创制了一套教育游戏并对游戏的过程与目的做了详细说明。1840年，福禄培尔把这

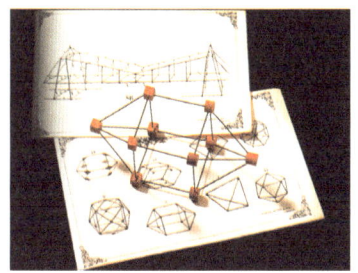

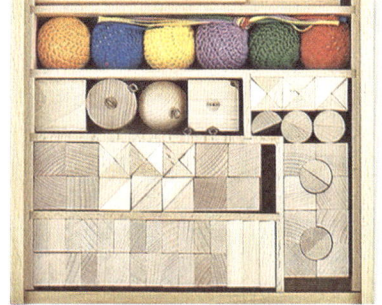

福禄培尔教具

一教育机构更名为"德国幼儿园",这标志着世界上第一所幼儿园的诞生。随着幼儿园的诞生,主要由女性担任的"幼儿园教师"这一职业群体也登上了历史舞台。福禄培尔把幼儿园比作花园,把幼儿比作花木,把幼儿园教师比作园丁,把幼儿的思想培育比作培植花木的过程。总之,在他看来,幼儿园就是"儿童的花园",也是幼年儿童获得幸福的标志。他的主张和教育理念受到社会多方面的支持,以相同教育理念为指导的新幼儿园在德国许多城市纷纷建立起来。

1848年资产阶级革命失败后,普鲁士政府残酷镇压一切进步活动。1850年,德国政府禁止福禄培尔在普鲁士从事教育活动,使得这位老人大受打击。1852年6月2日,福禄培尔在马林塔尔与世长辞。福禄培尔逝世8年后,普鲁士政府才取消了对幼儿园的禁令。1861年,福禄培尔有关幼儿教育的著作,由他的生前好友编辑出版,名为《幼儿园教育学》。福禄培尔的理论与教学实践在其生前饱受争议,但他的幼儿教育的理论和实践以及献身教育事业的崇高精神对后世的影响是极其巨大的。在现代,他的主要教育著作已被译成多种文字,为全世界的教育工作者所共同研究、学习。

福禄培尔的基本教育理论

福禄培尔没有建立起自身独立的哲学体系,但他的教育理论深受德国古典哲学的影响。他在大学进修期间,曾深入研究既有的各类哲学体系和哲学流派。克劳泽、奥肯、施莱尔马赫、谢林、费希特等人的哲学思想都对他产生了深刻影响。尤其是克劳泽和奥肯的自然哲学,使他在研究人的教育理论中得到深刻启发。但由于他同时深受唯心主义哲学的影响,并对有神论较为执着,其理论也带有一定的宗教神秘主义色彩,这是他的不足。

（一）认为上帝是万物的统一体

上帝是万物的统一体，这是福禄培尔最重要的哲学思想，并在其教育理论中多有体现。

（二）通过各类活动达成"生命统一"——劳动及其他活动的实际教育意义

福禄培尔非常强调劳动等各类活动的实际教育意义，并给予了高度评价。他认为，家庭当中的共同劳动以及家庭成员间的彼此帮助是家庭共同生活的基础。并认为，做事、劳动等各类活动是人们认识自己的唯一途径。在自然界中，经过内部世界与外部世界，或者说是精神与自然在生活当中的结合而获得发展。然而要实现内部世界与外部世界的统一，必须以劳动等人进行的各种活动为中介。只有在各类活动中，人的本质才可以充分展现出来，并为人们所真正认识，通过活动实现内部世界和外部世界统一的历程，便是生活本身，而在生活与活动中，自然与精神达成统一，即所谓的"生命统一"。

福禄培尔认为"对立融合"是自然万物所必然服从的普遍法则。人的发展同样要受到这条法则的制约。在实现"生命统一"的整个过程中，精神作为一种冲动由内而外发挥作用，自然作为一种刺激由外而内发挥作用。精神与自然这两类对立的事物通过人的活动而达成统一或融合，从而使人获得满足，得到发展。因此，实现"生命统一"的整个过程，即为"对立融合"法则得以实现的过程。而劳动及其他活动对这一过程的实现而言，是不可或缺的环节。

（三）对人的发展及其连续性的观点

福禄培尔认为人作为宇宙万物的一部分，在其生命过程当中是处于不断发展的状态，并从事物之间存在整体联系的观点出发，强调人在各个发展阶段当中是存在连续性的。基于此看法，他主张人的教育应遵照

◎ 位于德国奥伯魏斯巴赫的福禄培尔塔

儿童的本性引导他们进行连续、协调的发展，促使他们在各个层面得到均衡发展，反对那种将人类的发展与训练看作是"静止、完结的，似乎始终都是以更大普遍性重复着的东西"的看法。他还批评了当时的很多教育者将人的各个发展阶段孤立起来的错误看法。他说："将人成长过程的各个时期划分出明显的界线并造成截然的对立，从而完全忽视人是处于不断进步的现实，并漠视人在各个阶段之间存在活生生的联系的事实，那是非常有害，对儿童发展起阻碍作用的，甚至会对教育起到破坏作用。"他指出，父母往往只看孩子的年龄，不管事实上他们的智力、情感与身体的要求是否已达到实际的身心发展阶段。他认为："这种观点，还有忽视孩子的后续发展阶段联系的早期发展教育，尤其是忽视幼儿期与少年期的有效教育，会给孩子的后期教育者带来几乎不可克服的困难，因为早期教育对孩子的影响是至关重要的。"福禄培尔的这种关于自然当中无限发展与人在整个生命历程当中的持续发展的思想，构成了其教育理论体系当中的主导部分。

（四）教育适应自然原则

教育要与自然相适应，即教育必须遵循自然法则，这是福禄培尔的教育理论体系当中的一条重要原则。福禄培尔从此原则出发，要求让儿童从成长的最早期开始，就能不受干扰地自然发育与接受教育。因此，教育、训练及全部教学活动不应该是绝对的、指示性的，而应当是容忍的、顺应的。福禄培尔用园丁修剪葡萄藤作为比喻："葡萄藤应被修剪。但修剪本身无法给葡萄藤带来葡萄，相反的，无论出于多么良好的意图，如果园丁在工作当中不是极为耐心地、小心地顺应植物本性，那么葡萄藤可能会因为不当的修剪而被彻底毁灭。"他认为只有当受教育者拥有一定的自觉性后，才能使用指示性的教育方式。

除了注重儿童要不受干扰地自然发展之外，福禄培尔也主张重视儿童的个性发展，他相信，个人只有在与他人的联系过程中，才能实现其生活的目的。在这方面，福禄培尔特别强调儿童与国家及家庭教育之间的联系，强调家庭教育的巨大作用。

福禄培尔对教育时期的划分及对各时期教育特点的论述

（一）幼儿期

福禄培尔将对人的教育按年龄范围划分为幼儿期和少年期两个主要阶段，幼儿期又进一步分为婴儿期与幼儿期，少年期则分成少年期与学生期。

福禄培尔认为在婴儿期，人体各部分与各类器官的发育占主要地位，其中，他首先强调了感官发展的极度重要性。他认为，人必须去认知他所接触到的每一个外部事物，并要求从其本质与和其他事物的联系方面去认知它，而人的感官便是实现这一过程的主要工具。

为了促进各种感官的发展，福禄培尔强调此阶段的孩子的身体、感官、四肢的运用、应用及练习。只要获得了锻炼就可以了，至于有什么样的结果并不重要。运用的方式，主要是表情与四肢的游戏。

在感官、身体与四肢活动获得了发展后，儿童开始自主向外展现其内在本质时，婴儿期便告终止，随后进入幼儿期，这时也就真正开始了"人的教育"。不过，这一时期的教育依旧是由家庭负责的。

福禄培尔认为游戏是幼儿的最主要活动。他认为，正是在游戏的过程中，儿童最能展现出创造性与主动性。福禄培尔还说明了游戏对儿童发展的重大教育意义，还有在学前教育当中的独特地位，高度评价了游戏对于教育的积极作用。他强调"游戏是人在这一阶段当中最纯洁的精神产物"，它"带给人欢乐、自由、满足，内部与外部的平静，同周围世界和平相处。一切善的根源都在于它、来自它、产生于它"。

（二）少年期（少年前期）

福禄培尔所说的少年期儿童主要指处于学前期的少年儿童，为3—7岁左右。在他看来，这一阶段的少年儿童的教育，关键在于家庭生活与父母的教育。他认为，人的这一发展阶段要点在于使外部的东西变为内部的东西，这就是学习。这一发展阶段的儿童必然有强烈的好奇心及求知欲，他们渴望从周围的各种事物中找寻内在的联系与统一。这种渴望能够通过进行各种游戏来获得满足，而家庭生活是获得这种满足的必要途径。家庭生活是儿童的生活楷模，会对他的未来生活产生巨大影响。他将按照这种楷模的方式在生活当中表现自己。因此，父母不应当拒绝孩子帮助自己做事的主动要求，而要加以支持与肯定。

作为教育者，对儿童的这些主动要求的活动都应予以肯定及支持。这类行为将会丰富其知识，扩大其眼界。就算儿童在活动过程中有时会犯错误，但其初衷都是好的，在这种情况下，教育者不应否定孩子，对孩子心生怨怼，否则会在精神上扼杀孩子的未来发展。

福禄培尔认为，游戏和身体活动依旧是该年龄段孩子的重要活动内容，但游戏的内容与形式应当逐渐创新并日益丰富，家长要为此提供与创设活动条件。

（三）学生期（少年后期）

儿童成长进入少年后期，即学生时期，这一阶段的教育者主要是学校。因此，有关学校的性质、任务、教学内容及教学方法等学校教育的相关基本问题，福禄培尔都进行了具体而系统的论述。

关于学校的性质与任务，福禄培尔指出："学校与教学应将外部世界与作为外部世界的一部分，并与外部世界有着密切关系的学生本身，作为其对立物，作为不同于学生自身的、他所不熟悉的其他东西，展现在学生面前。再则，学校还要为学生指出各类事物的内部倾向、事物彼此之间的关系与联系，让他们的认识朝着更广泛的普遍性和思想性方面上升。"学校的任务是让脱离了相对狭小封闭的家庭圈子进入更为广阔世界的儿童，从以往对客观事物的表面的、非本质的观察，进入对涵盖学生自身在内的客观世界本质的观察，从而获得关于事物内在本质及内部倾向，还有本质与倾向之间彼此关系的认识。

因此学校教师的作用在于向自己及学生指出并使其理解事物内在的、精神方面的本质。教师要教给孩子理解学习对象本身，并教给他与该学习对象相关的各类知识。

福禄培尔学前教育理论

（一）学前教育的地位与作用

福禄培尔对于学前教育的理论及其相关实践活动的探索与思考，是其一生的主要研究方向。福禄培尔认为学前教育在人的整个教育体系当中占有非常重要的地位。他认为，幼儿时期是人一生当中发展极度重要的阶段，"人的整个未来生活，直到他即将离开人间的时刻，其根源都在于这一阶段，不管孩子的未来生活究竟是纯洁的或是污浊的，是勤劳的或是怠惰的，是成就斐然的或是无所事事的。他日后对双亲、家庭与兄弟姐妹的关系，对社会及人类、自然的关系，按照儿童固有的先天禀赋，主要取决于其处在此年龄阶段的生活方式"。他认为："假如儿童在此阶段遭受了损害，假如其未来生命之树的胚芽遭到了损伤，那么他必然付出极大的艰辛与努力才可能在未来成长为强健的人，必须克服非常大的困难在未来发展道路上避免这种损害所引发的畸形。"因此他把学前教育看作是人生当中真正接受教育的开端。

福禄培尔对于家庭教育对学前教育的作用非常重视，他相信要想改革幼儿教育就必须从改革家庭教育开始，他主张为缺乏教育能力的父母提供积极的指导。他创办幼儿园的目的也正主要在于此。他吸取了当时各类幼儿教育机构的经验，规避了这些机构的不足与弊端，建立了具有自身特色的、以全新教育理念为指导的新式幼儿园。

福禄培尔将幼儿园教学的目的与任务归纳为三个方面。

1. 幼儿园不只是为一般家庭解决照管孩子的实际困难，更重要的是要培养学前儿童参加与其本质相符合的活动，增强孩子的体质，训练其感官，使他们的心智发展得到正确引导。为此，幼儿园要组织孩子参加各类活动，尤其是通过游戏来发展他们的素质，为其未来求学之路与人生发展提供准备工作。

2. 幼儿园应正确引导孩子进行各种活动，作为母亲们训练孩子的助手，为其他幼儿教育机构训练教师。

3. 幼儿园还要推广幼儿教育经验，将适合儿童的游戏及其手段，包括玩具、游戏内容和游戏方法介绍给各个教育机构。

（二）游戏、劳动等活动的作用

福禄培尔主张借助各类作业、练习以及游戏使得儿童的创造性获得系统性发展。他特别强调游戏在学前教育当中的重要作用，因为儿童的创造性主要是通过游戏来表现出来的。游戏会极大影响儿童的生活以及教育。他认为，一个能干的孩子，如果可以平心静气、坚忍不拔地坚持游戏的话，将来也会成为一个能干的，能够以自我牺牲来增进他人与自己幸福的人。为了系统地组织儿童进行游戏，福禄培尔发展了一个由简单到复杂、由统一到多样的循序渐进的游戏体系。这个游戏体系能够逐步发展孩子的智力和体力，同时使其认识生活发展规律。福禄培尔坚信自然与人类生存的所有领域都存在着相同的发展规律。当儿童通过游戏等手段，了解到这种到处都相同的有规律的联系时，他就可以适应一切领域的生活。

（三）"恩物"及其游戏和作业体系

福禄培尔为了能让儿童开展游戏及其他活动，设计出一个由简单到复杂、从统一到多样的一套活动玩具作为自己独特的教具。他称这套活动玩具为"恩物"，即代表这些玩具是上帝的恩赐。

"恩物"的基本组成部分是圆球，其次是立方体，最后是圆柱体。球体法则是福禄培尔哲学思想的核心，他认为圆球是一切外部形状当中最完美的形态上帝，是万物统一的象征。所以儿童玩球，可以懂得事件最完美的道理。立方体有三维性，同时拥有六面、八角、十二边，是非常丰富多彩的形状。如果将圆与四边形结合起来，便是圆柱体。这是基本的物体形态，通过改变主轴的方式，还可以构成其他许多形状。这些丰富多彩的形状可以体现自然形态的多边与多彩。福禄培尔认为每个儿童使用以这些图形构建的玩具，就等于帮助孩子发展其智力。

福禄培尔理论的价值及其局限性

福禄培尔的贡献主要在学前教育方面。他第一个创立了相对完整的学前教育理论体系。他所创办的幼儿园及提出的幼儿教育理论，对世界各地的幼儿教育的发展产生了广泛的影响。他在研究儿童智力发展的规律，认识学前儿童的思想方面是有着巨大贡献的，为日后幼儿教育的进一步发展奠定了基础。他发明的很多游戏、设计的"恩物"玩具都对日后的学前教育发展有着深远的影响。直到今天，儿童玩具的设计依旧深受福禄培尔理论的影响。如今学校里的一些课程，如手工活动、手工制作等，也是受福禄培尔的启发才发展延续至今的。福禄培尔强调儿童要经常进行户外活动，并分小组进行游戏来促进身体发育的思想也是非常可贵的。

除学前教育外，福禄培尔对学校教育也提出了很多有价值的理论及建议。他主张教育适应儿童天性，反对强制性教育，反对一些教师压制儿童发展的做法，重视让儿童积极参加活动，重视培养与发展儿童的创造性，重视儿童个性的发展，并强调早期教育对人生的决定性影响，家庭教育的极度重要性，主张人的所有发展阶段具有教育连续性等主张，都被后人证明是正确的，他对后世教育学发展的贡献是非常突出的。

但福禄培尔的理论并非没有缺陷，他始终站在唯心主义的角度看待问题，始终带有浓重的宗教神秘主义色彩，使得他在制定教育方针时不可避免地有所局限，在宗教框架内一些规定显得过于死板。

尽管福禄培尔的理论具有局限性，但瑕不掩瑜，他的教育理论和教育实践对后世的影响是不容抹杀的。他对世界各国的幼儿教育发展的影响是跨时代的，很多理论至今依旧在世界各地发挥着积极的作用。

教育的目的和要求

　　人的教育就是要激发与教导作为一种处于自我觉醒中的，有着思想与理智的生物——人有意识并自觉地、完美无瑕地展现世界内在的法则，并指明达成这一目的的途径及相应手段。

　　对于这一条永恒法则的认知与自觉掌握，有关其本源、本质、整体及联系，还有法则的作用的活力的观点，关于生活及其整体的知识便是科学，也就是生命科学；而研究这种自觉的、具有思想与理智的生物是怎样展现与实践这条法则的科学，即教育科学。

　　从对这条永恒法则的认知与洞察当中所得出的，借以指导拥有思想及理智的生物去理解其天职，并实现其使命的规范也就是教育理论。

　　将这种认知、观点和知识主动应用于直接发展及训练有理智的生物来自主决定其命运，便是教育的艺术。

　　教育的目的在于展现忠于职守、纯洁、完美无缺的人生。

　　将认识与运用、觉悟及表现统一展现出来，为实现忠于职守的、纯洁的、神圣的生活，将它们在实际生活当中统一起来，这就是生活的智慧，即智慧本身。

　　智慧是人类的最高目的，是人最高尚的自觉行动。

　　教育自己并教育他人，和以觉悟、自由和自觉来进行教育，是智慧的双重活动；它从一个人出生于世上时便已开始，并随着人自觉性的最初出现就已经展现出来，并在这时开始表明它是人类不可或缺的必然要求，而且，为了满足这种要求，在过程中会得到人们的支持及采纳。这种智慧活动意味着人们走上了一条不平凡的道路，一条能够可靠地引导人们去实现人性的外在需求的道路。

也就是说，人的本质，应当并必须通过教育在其身上得到发展与表现，并上升为觉悟去指导自己生活的程度。

教育与教学必然使人看到并认识了解精神层面的与永恒的事物，构成自然本质并永久地显现在自然界当中的东西，它应当并必须在相互作用中与教育训练统一起来，用以表达和展现两者之间的，即自然和人之间和各自内部受同一条法则制约的东西。

教育应当并必须引导人去了解自己及关于自己的一切事物，要与自然协调；因而它应当让人认识自身及整个人类，认识自然，并实现由这种认识来决定的纯洁的、神圣的生活。

然而，在所有的要求中，教育是以内部的、最本质的东西作为根据与基础的。

一切内在的东西是以精神层面从外表展现出来，并通过外表被认知。事物与人的本质、精神可以从其外部表现加以认知。照此道理，所有的教育、教学、训练和作为自由产物的全部生活，是与人及事物的外部表现彼此联系着的，并从外部出发对内部发挥作用，由外部也可以推断内部的情况。然而尽管如此，教育也无法也不允许直接从外部推断内部情况，因为事物的本质往往在某种关系上是只能反推的，不是由外部来推断内部，而是从内部去推断外部。所以，不能从自然当中的多样性推断多样性的本源也是多样性，而两种情况其实都必须反过来推断，由自然的多样性推断其最终本源——自然发展具有日益丰富的多样性特点。

忽视以上真理而宁愿违背这条真理来行事的人，就等于从孩子的幼儿和少年期就在从一定的表象直接推断其内在本质，这是导致争论与分歧的根本性原因，是生活及教育过程中时常犯错的根本原因；对幼儿、少年的无数错误推断，在父母与儿童间或来自一方或另一方的诸多误解，对儿童众多的不必要的抱怨、不适当的指责及愚蠢的期望，其根源主要在此。因此，这条真理的运用，对于父母、教育者而言是至关重要的，他们应全力争取全面通晓这条真理的运用；这将会在父母与儿童、学生与教师的关系方面带来目前无法获得的明确性、可靠性及安稳性；因为外表看起来善良的儿童，其内心往往并不善良，也就是说，并非自发或出于对善的热爱与赞赏才需要善的；同样，外表粗暴、固执、任性，即看起来似乎不善的儿童，往往在内心中有着对善最热心的、最强烈的追求；外表心不在焉的男孩在内心当中却有着牢固而坚定的思想，只看外表是无法发现这种思想的。

因此，固有的教育、教学和训练模式，其最初的基本标志必定是容忍的、顺从的（只有保护性、防御性的原则），而并非指示性的、绝对的及具有干预性的。

但教育本身也必然如此，因为没有受到干扰的神性作用必定是善的，除了善以外，根本不可能是其他属性。因为年纪尚幼，还处于成长期的人，尽管还处于心智不成熟的状态，然而就其本身而言，却必然是追求至善的，他也能感觉到自身的一切禀赋、力量和手段，都是为了实现自己的目标而存在的。所以，小鸭子喜欢冲向池塘跳入水中，小鸡却喜欢用爪子刨地，而小燕子则可以在空中飞行，并不断觅食而很少落到地面。对于前面所提到的反向推论及注重顺应的真理，还有将真理在教育实践中加以运用，无论何人反对与加以抨击，它终将在年轻一代当中证明自己的正确性和真理性，并得到年轻一代的信赖与大规模实际运用。

良好教育的规律和特性

　　我们为植物幼芽与动物幼崽的成长提供空间与时间，因为我们清楚，它们将按照所属的物种个体发育规律良好地发育成长，人们给植物幼芽与动物幼崽提供安宁的环境，并力求避免以暴力干扰它们成长，因为人们知道，去做相反的事情会妨碍其完美发育与健康成长。但是，年幼的人会让人觉得是一块蜡或一团泥，可以将其随意捏成任何形状。漫游花园与田野、草地及森林的人们啊，为何不打开自己的心扉去倾听大自然以无声的语言来教诲你们的东西。看看被你们称为杂草，在压力与强制下成长起来的，几乎捉摸不到其内在规律的植物吧，在大自然当中，在田野与花圃中去看看它吧，看看它显示出了何等有规律性的及在一切方面与外表上协调一致的，拥有纯洁本质的生命吧，这生命犹如从大地上升起的太阳，犹如一颗璀璨的星星。那么，父母们，你们的孩子在你们违背其本性，将你们过去的形式与使命强加于他们，导致他们病态而不自然地跟随着你们行动的情况下，有可能完美地成长与全面发展为优秀的人吗？

　　从人的完美性与健全性的角度来看，一切具有专断、指示性，进行绝对的与富有干预性的训练、教育和教学，必然会对孩子起到毁灭、阻碍与破坏性的作用。因此，为进一步接受大自然的教训，葡萄藤应被修剪。但修剪本身不会让葡萄藤长出葡萄，相反，不管原本的意图多么美好，假如园丁不能认真顺应植物的本性，葡萄藤可能会由于修剪而被毁灭，至少会不能长出良好而众多的果实。在对待其他生物方面，我们的做法往往是正确的，而在对待人本身的问题上，却经常走上彻底错误的道路，而且在两者当中起作用的力量同出一源，服从于同一法则。因此，从这一观点出发，对于人类而言，重视自然与观察自然是极为重要的。

自然尽管很少能向我们展现那种未受损坏与更改的原始状态，尤其是人本身的这种原始状态，但正因为如此，就更需要在每个人身上假定这种状态确实存在，直到相反的一面明确显现出来为止，否则，即便未经损坏的原始状态依旧健全存在着，也有可能遭到毁灭；但如果被教育的人的原始健全的内在属性确实已被损坏，那么就需要直接采取严厉的、强制性的教育。

另一方面，人的精神内在受损也并不总是能被确切地加以证明的，甚至时常是难以证明的，至少在损坏的产生，及其倾向的根源性而言确实是这样。再说，关于这种情况，最终测试是否存在损害的试金石只在于人本身。因而，从这一观点出发，教育、训练及全部教学活动，与其是绝对的、具有指示性的，不如更应当是容忍的、顺应的，因为在纯粹采用前一种教育方式的前提下，人类那种完美的发展，稳步与持久的进步趋向将会丧失，而丧失的这一切，其本质正是通过人的生活所展现出来的自由和自觉，这种自由和自觉就是所有教育和生活的目的与追求，也是人的命运。

因此，绝对的、强制性的与指示性的教育方式原本应该在人开始了解自身，父子之间、师生之间开始出现意见一致的情况，并有了共同的生活之后才开始，因为唯有这样，真理才能从整体的本质与个人的本性当中被推导出来，并被人们所认知。

指示性与干预性的教育，通常只有两方面可取：或者，它有着明确、灵活的思想，不证自明的正确的见解；或者它属于早已存在并得到广泛承认的典范性的真理。但是，凡不证自明的灵活思想起支配作用并在其自身当中展现出真理的所在，在一定程度上，其永恒原则本身发挥着统治一切的作用。正因为如此，事情又应带有容忍、顺应的性质。因为灵活的思想、永恒的原则，要求并决定了人具有自由独立性及自我决断性。

但就算早已存在并获得承认的最完美典范，获得承认的生活之中的楷模，之所以能够成为楷模，是仅就其本质与所追求的目的来说的，而绝非就其形式而言。如果从形式上将一切精神的主体的典范性作为楷模来接受，那便是极大的误解。因此，一条通常的经验是将那种外表的典范性作为榜样来加以接受，会对人类起到阻碍性的，甚至是导致退化的，而并非是促进性的作用。唯有在精神上追求积极向上的典范性，才应当被当作榜样来加以坚持，而外表的典范性，其形式应当被抛弃。我们所知晓的最崇高、最完美的生活楷模应当这样的：这种生活的存在、表现与生命力的根据，应当显而易见并活生生地来源其本身，这种生活是自动而独立地，通过永恒的条件，依据永恒的法则，从永恒的生命与创造当中产生的，而这个最为崇高、永恒的生活楷模要求每个人再次成为供自己及他人仿效的楷模，要求每个人都能按照永恒法则，自由、自觉地通过自主选择，从自身内部发展起来。这便是全部教育、训练及教学的任务及最终目的，而且必须是这样去进行。也就是说，即便是永恒的典范性在其形式与要求上也必须是顺应与容忍的。

典范性有着强制性的属性，只有当相关责任者带着孩子般纯洁的心灵或是带有明确的，至少是初步的男子汉见识从心灵深处研究了该要求的理由，理解或发自内心地相信该要求之后才有可能做到。尽管典范性在此种情况下，通过实例或语言具备了强制的性质，但这种强制性始终只与精神、生活相关联，与形式毫无关系。

所以，在良好的教育、规范的教学及正确的训练当中，必须也应当由必然唤醒自由，法则唤醒自觉，外来的约束唤醒内在的自由意志，外来仇恨唤醒内在之爱。在仇恨当中产生仇恨，法则就会衍生出欺骗与罪恶，压迫会产生奴性，也就必然产生盲从，在压制否定一切、贬低一切，并使得人背负重担普遍化的地方，在严厉和刻薄引发反抗与虚伪的地方，任何教育、训练及教学的作用便会必然遭到破坏。为避免后一种可能，并真正实现前一种可能，一切以规定的方式展现出来的东西必定要顺应学生的本性及需要。任何教育、训练及教学，其出现尽管必然有着绝对的性质，但直到每个细节都应具有无可争辩、不可抗拒的特征，即受教育者严格地、不可避免地服从于一条永远发挥制约作用的法则，服从于绝对的及永恒的必然性，从而排除任何的任意性，只有在这种条件下，良好的教育才能获得实施。

一切真正的教学活动和教育者，在任何时候，在其要求与决定中必然同时存在两极性（doppelendig）[①]与两面性的特点：输出的与输入的，合并的与分离的，指示性的与顺应性的，积极性的与消极性的，束缚的与放任的，固定的与活动的，这对于学生而言，必然也是如此。但在教育者与受教育者、强求与服从之间，应有看不见的第三者发挥着制约作用，这个第三者应当有条件地、必然地出现，并非随意地展现出最佳与最正确的东西，这是教育者与受教育者应同样并完全服从的第三者。

对于第三者的支配权的衷心承认、明确无误的观念以及真诚而切实的服从，特别应当在教育者以及教师身上毫不动摇并纯正地加以体现出

---

① 这里的"两极性"指具有"双重目的"。——译者注

来，时常甚至应通过教师以及教育者加以坚定地、严肃认真地展现出来。在这一方面，儿童，也就是受教育者们，对于识别教育者、教师以及父亲所说的及所要求的全部，是否出于其个人的立场以及随意脱口而出的，或者作为一种必然性通过他而被一般性地表达出来的，有其极为正确的态度与极为正确的感觉，因而儿童、受教育者及学生在这个问题上是很少会陷入盲目性的状态的。因此，对于受教育者与教育者而言，同样必须加以服从于一个永恒不变的第三者并受其支配，必须详尽地展现在教育者与教师的每一项日常要求当中。

教学的一条重要而又具有必然性的、一般性的公式是：去做你应当去完成的事情，看看你的行动在这一特定关系当中会得出什么结论，并使你获得了何种认识；同样的，适用于每一个人的每一条生活本身的格言是：将你的精神实质，即在你身体当中活着的事物，你的生命，在外表并透过外表在行动当中纯正地展现出来，看看你的本质到底需要哪些东西，它是怎样的一些事物。

这条格言也同样解决并说明了如下这样一条要求，从而同时提供了解决以实现这一要求为目的的方法。这要求便是：教育者及其所实施的教导，必须使个别与特殊都做到一般化，而使一般变得特殊与个别化，并且，这两方面必须在其自然存在当中加以证明。他必须将外在的东西变为内在的东西，内在的东西变为外在的东西，并指出二者具有必然的统一性。他必须将有限的事物看成是无限的，把无限的事物看成是有限的，并使二者在生活当中和谐地统一起来。

这也就意味着，人从自身当中、从处于成长过程中的年轻人身上，还有从人类发展的历史当中注意到的东西越多，在人的本质当中显现出来的东西就越发明确与肯定，越发无可争辩。

根据以上的道理，无限是在有限当中有所表现，永恒是在暂时当中有所表现，这从各方面来看是作为一切教育与训练的、一切教学的唯一的目的以及唯一的目标，而无可辩驳地显现出来的。因此，必须从这一唯一正确的观点出发，来看待他人，从他出生到世界上开始，就要用这种观点去看待他，因而当他还没有被人们所看见的时候，还在娘胎里的时候，就要受到重视与刻意的培育。

发展、训练孩子的力量与精神

每个人在自己的童年时代就应当被看作是人类的一个不可或缺的基本成员来看待、承认并加以培育，所以父母身为监护人应感到并认知到自己对儿童以及对人类的重要责任。

在同等的程度上，父母还应当将自己的孩子放到必要的联系当中，放在与人类发展的现在、过去乃至将来的明确关系以及联系当中加以考察并予以重视，并使得儿童的训练和教育与人类和民族眼下的、过去的乃至未来的需求紧密联系在一起，协调一致起来。正由于其拥有自然的以及人类的属性，所以他应当被看作是同时包含着一个统一体、一个个体以及一个具有多样性的事物，同时还包含着现在、过去以及将来的事物加以考察、重视和对待。

所以，人与人之间的人性应当被看作是一种外在的展现，而不能被看作是一种业已充分发展的、完全成型的，一种已然固定的、静止的东西，而应当被看作是一种历经漫长演变，正在逐渐成长与发展着的，永远是富有活力的东西，永远朝着以无限性与永恒性为基础特性的目标，从发展与训练的一个阶段走向另一个阶段，不断前进发展的东西。

那种将人类的发展与训练教育看作是一种静止的、完结的，似乎始终只是以更大的普遍性重复着的事物的观点，是一种非常有害的观点，因为按照这种观点，儿童还有每一个后代都只是对前人的模仿物，是在表面上没有生命力的简单复制品，似乎是从某一个先辈模样的模具当中熔铸出来的，而不是对于在人类发展的全过程中，他所达到的那个发展阶段而言，他又是为了人类世世代代的发展而被仿效的一个活生生的榜样。固然人的后继者的每一个世代与每一个个体都应当经历这一代之前的发展与训练，否则，他就无法理解过去与现在，然而并非是简单的模仿、复制、照抄，不是以这些死气沉沉的途径，而是采用主动的、自由的发展与训练途径来获取知识与教训，每一个个体都是独一无二的。每一个人都应当自发与自由地将这种发展与训练作为自己与他人的榜样重新加以展现出来，因为，身为人类一员的每一个人的身上，都包含并体现着完整的人性，但它在每个人身上是以完全固有的、特殊的、个性的、独一无二的方式被展现、被塑造出来的，并且应当在每一个人身上都要以这种完全特殊的、独一无二的方式被展现出来，借此人们可以感知人类无限而永恒、丰富多彩的本质，并越来越清晰地认识到，也越来越生动地与肯定地感知到这类本质。

唯有坚持这种唯一而彻底的，有充分依据的，包罗万象的关于人的认识，还有对人与人的本质的理解——在认真探索的模式下能够进一步推导出对了解人的培育以及教育所必需的其他的所有知识——只有坚持这种对一个人从宣告其出生开始的完整看法，正确的、真正的人的教育以及人的才能培育发展模式，才能真正开花结果，才能最终成熟。

由此能够简单、肯定、有把握地得出有关人在出生前后，其父母所应当去做的一切：言行纯正、鲜明，在自己身上应当充满与渗透着生而为人的价值与尊严，将自己看作是天赋的保护者，使自己懂得人的使命以及命运，懂得实现其使命与命运的不同途径及手段。如果说，作为这样的儿童的命运在于协调一致地发展以及训练，并受父母的本质、性格、智力水平与情感倾向（这些特质，就其素质与强度来说，可能对他们二者而言还仅仅是不知不觉地在身上存在着），那么，身为自然的后裔的人类，其命运在于和谐一致地展现自然的本质、精神。正如身为家庭成员的一个儿童的命运在于协调、全面和明确地发展与表达其家庭的本质、精神气质以及精神力量一样，作为人类一员的个人，其命运也在于发展、训练以及展现整个人类的本质、力量与气质。

然而，尽管父母与家庭的本质还没有被儿童与作为这样的家庭的成员所认知，并且还丝毫不可能在他们身上扎根下来，也根本没能被他们所感知到，但如果每一位儿童，即每一位家庭成员，最充分、最明确以及最全面地，并且以最独特及最有个性地发展和表现自身的话，也就是最为明确与最完美地发展及展现了父母及家庭的本质。同样，假如每一个人，每一个孩子最为独特与最有个性地展现了自己，那么，身为人类成员的个体也已然展现人类的全部本质，尽管这种本质还根本没能得到普遍认知与承认，还根本没有在其身上牢固扎根。如果人依照一切事物过去及现在的发展及其形成过程所依据的规律，全部起支配作用的规律，发展并训练自己，如果每一个人在统一当中，即在自己的内部与外部，并通过自己来展现自己，展现其本质，在个别境遇下，在某些从他身上发生的个别事情上尤为明确与完美地展现自己，展现其本质，在多样性中，在从他身上并通过他发生发展而来的一切事情当中，并通过这一切事情来展现他自己，展现其本质，那么，上述要求也就可以得到实现了。唯有在这三方面，然而是在自身内部以及从属于自己的单一的及多方面统一的表现当中，每一个人的内部本质才能获得说明并显露出来，才能被揭示，被公之于众。在事实上或是在认识当中，在理解层面和对事实的承认层面，缺少这三方面表现中的任一方面，就是不完全的、不完善的表现，是一种有害处的理解。每一种事物只能以如此方式在其统一体当中，按照其本质全面地显露和展现自己。

因而，儿童从刚出生开始，人们就应当并必须遵照其本质去理解他并正确对待他，让他自由而又全面地运用自己的能力。不应该强调某些能力以及肢体的运用而牺牲其他能力，并妨碍这些能力与身体运动能力的发展。儿童既不应当在某些方面受束缚与钳制，也不应当在此后遭到控制。儿童应尽早学习发现自己所有的力与肢体的重心与支点，学习在其中休息与不受干扰地进行活动，学习自由地进行活动与处理事情，以自己的双手来攫取东西，以自己的双脚站立并行走，以自身的双眼去发现与洞察一切，均衡地并以同等力量使用自己的每一部分肢体。儿童应当及早学习所有本领当中最为高尚与最难以掌握的部分，并及早加以应用并付诸实践：能够在任何偏离现象、干扰以及障碍的情况下，把握好自己的生活轨道当中的中心与支点。

给予孩子正面的引导与呵护

　　儿童最初的主要表现在于力量的表现，力的作用会引发反作用力，因而，儿童刚降生时就会出现最初的啼哭，他会朝着接触到脚的东西踩去，会握住触碰其小手的东西。此后不久，并与此同时，在儿童身上会出现共鸣，于是，他在舒适而温暖的环境中，在明亮的光线照射下，在洁净的新鲜空气当中会露出微笑，有舒适感，能够感到欢乐，会变得活泼起来。这是儿童乃至所有人类的最原始的自我意识的开端。所以，儿童乃至人类的生命的最初表现就是：安宁或不安宁，喜悦或痛苦，微笑或哭泣。安宁、喜悦与微笑标志着儿童感觉当中的一切与其本质，即人的本质是纯洁的，与没有受干扰的发展彼此适应，与儿童的生活及作为一个儿童的生活彼此适应的东西；最初的教育措施、生活发展、生活提高还有生活表现必然与这些情感和这些情感的培育及保护联结起来。不安、痛苦以及哭泣的最初表现代表着与儿童的发展背道而驰的事物。教育也必须要顺应人性与人的发展规律。应当力求找出并消除这一方面的原因。在啼哭、不安与号叫的最初外在表现当中，几乎仅仅是在其最初的表现里，儿童无疑是不懂得任何倔强或是执拗的。然而，一旦这个几乎还没有真正作为一个人类出现的小生物感受到——还无法指出以何种方式及在何种程度上感觉到——因为任性，或是由于不注意或惰性，而放任了造成与带来不安及痛苦的根源时，这种倔强与执拗便由此萌生了。一旦在儿童的身上仿佛接种了这类不幸的感觉，这个一切错误当中首要与最为可恶的错误也就随之产生，甚至已经产生了让儿童及其周边环境遭到毁灭性威胁的错误，这个错误除非危及人的其他良好天赋，几乎是无法被消除的，并且，它会在不久之后便成为孕育虚伪、欺骗、固执、顽固以及其他一切后续的可悲、可恨错误的温床。

但在走上其他的正确道路时，在采取的方式与方法方面也可能会犯下各种错误。人按其本质与命运应学会从忍受微小的、无关紧要的苦难逐渐过渡到忍受严重的，甚至是毁灭性的苦难与负担。也就是说，如果父母以及周围的人有着坚定与可靠的信念，传递给正在哭泣并处于不安当中的孩子某种东西，这种东西在当时或许对这孩子而言是必需的，排除一切不利与可能不利于这个孩子的处境的任何东西，于是父母与周围的人便能够让正在啼哭的、不安的，甚至是号啕的孩子很快安静下来，冷静地为他提供时间，让他认识到自己的力量。因为，假如小孩子一次或是多次地因为假装痛苦或因为轻微的不愉快或不舒服，就迫使他人做出同情与帮助的行为，那么父母与周围的人便逐渐失去了许多甚至一切几乎无法通过暴力而重新获得的东西；因为小孩对身边的人的弱点有着极为敏锐的感觉及做出正确反应的能力，所以在他们身上天生具有力量的显露以及他人的弱点促使他们对这种力量更加熟练地予以掌握，比起他们在自身当中和在自己的容忍、忍耐及活动当中表现与训练这种力量更为容易。

在这一发展阶段当中，正处于成长期的人称为婴儿，这个名称也完全符合这个词原本的含义，因为直到此时，吸收几乎是婴儿的唯一活动（他并非在吸收周围的人的状态吗？），[①] 而以上讲到的啼哭、微笑等表

---

① 在德语中，"婴儿"（Saungling）和"吸收""吸吮"（Einsaugen）同属一个词根。因而，按福禄培尔的说法，"婴儿"一词本身就带有"吸收"的意思，所以说是符合词的本来意思的。——译者注

现，还完全停留在其自身内部，并且还是那种吸收活动的直接的，同时不可分割的作用。处于这一发展阶段当中的人，只能从外界吸收与接受多种多样的信息，人不断吸收事物，在这一方面来看，他的全部本质仅是其自己具有的眼睛，[①] 因而人在第一个发展阶段对于其现在与将来的发展都具有无法比拟的重要意义。

　　对于人当前与未来的生活而言，极为重要的是人处于这一发展阶段时一点也不应吸收病态的、低级的、庸俗的事物，一点也不应去吸收含糊不清，甚至是低劣的事物。因而他周围的人的目光、面部表情必须是纯洁、坚定与可靠的，应当能够激发与鼓励其信任感；每一个环境本身应当是纯洁而明朗的：纯洁的空气、明亮的光线、清洁的房间，尽管这个房间当中的陈设通常也许是非常简陋的。因为人时常几乎无法通过自己的生活来消除他幼年时所吸收的事物，消除他少年时期留下来的深刻印象，正是因为其全部本质犹如一只巨大的眼睛曾为此而张开，为此做出牺牲。人对自己进行的最为严酷的斗争，甚至他未来的最不幸与最困苦的命运都可以在这一发展阶段当中找到其根源，因而，婴儿的抚育是极为重要的。那些孩子，有的曾经被母亲亲自哺育，有的未被母亲亲自哺育，那些母亲对这两类孩子日后在生活当中的表现曾进行过观察，因此能对以上道理做出肯定的证明。同样的，母亲们也清楚，儿童最初的微笑标志着儿童一生当中的一定时期内的发展阶段，她们知道，这微笑假如谈不上是具有更为深远的意义的话，至少是最初的肉体层面的自我感觉的表达；因为儿童那种最初始的微笑，其根源不但在于肉体的一种自我感觉，或更确切地说，是肉体的一种自我感觉，而且首先是母亲与

---

① 在德文中，"眼睛"（Auge）同"婴儿"（Saugling）和"吸收"（Einsaugen）也具有同样的词根。这里，作者通过文字游戏的手法进一步强调婴儿活动的特点在于通过感官吸收外界事物，而眼睛是在这方面起作用的主要感官。——译者注

孩子之间，随后是父亲与兄弟姊妹之间，最后是兄弟姊妹及其他人与儿童之间的更高的共同感情当中，也有这一时期的深远影响。

这种首先将孩子与父母亲、兄弟姊妹结合在一起的最初的共同情感是更高层面的精神上达成一致的基础。与这种精神层面的一致联系在一起的是此后出现的一种无可置疑的感受，即父亲、母亲、兄弟姊妹以及人们感觉到与认知到自己与一个更高层次的原则，也就是说与人类共同处于一个共同体与联合体当中。这种共同感情是最初的萌芽，是一切真诚的开始，是一切真诚努力的开端。真诚与真正的、鲜活的，在险境与斗争当中、压力与苦难当中、喜悦与欢乐当中经受考验必须要顾及婴儿，这种模糊的感觉，这种在一定程度上依旧处于朦胧状态的意识，必须尽早在人的身上得到培育、增强、滋长，使其在此后发展为完善的意识，并得到锤炼。

因此，假如母亲将小睡的孩子放到他那柔软而又安全的卧榻上，同时以充满感情的目光投向他，这种举动不但会让静观的旁观者受到触动，而且会带给孩子永远的平安与幸福。

如果母亲微笑着将安静、欢快与微笑着的、已经睡醒的孩子从卧榻上抱起，同时以欢乐与无声感激的目光投向他，那么，这一举动不但让人感动与愉快，而且对孩子整个现在与未来的生活都是非常重要与有益的。这种举动对孩子与母亲之间的全部共同生活具有极为可喜的影响。因而这位真诚的母亲不愿让其他人把小睡的孩子放到卧榻上，将睡醒的孩子从卧榻上抱起。由母亲如此抚育的孩子拥有良好素质。

如果父母想让孩子为其提供并使其获得这个永不动摇、永不消失，作为生活当中最珍贵的装备的支点，如果父母与孩子在静悄悄的卧室或是在大自然当中感受到，那么，他们在内心与外表的表现上都必然要达成一致。没有人可以说："儿童无法理解这一点。"因为这样一来，便会彻底剥夺儿童心灵当中最美好的东西。儿童只要并非变得粗野，只要他们不是已与自己，与他们的双亲变得明显疏远，那么他们是能够理解这一点的，或是将会理解这一点。他们并非通过观念与在观念上理解了这一点，而是通过内心理解这一点。

将孩子的成长看作是连续的历程

　　假如说人的发展都是要从一个点出发进而不断前进，而作为不断前进的发展应被人们所认知并始终得到重视，那么，这一点对于整个人的训练都是极为重要的。因此，如果将人不断前进的一系列发展的年岁划分出明显的界限，并造成截然的对立，从而完全忽视不断的进步、联系与生活的本质，那是极为有害的，对人的发展有阻碍作用，甚至会起到破坏的作用。非常有害的是，将婴儿、幼儿、少年、少女、男青年、女青年、男人、女人、老人、老妇人等这些人的发展阶段断然割裂开来，而并非如生活表现的那样，它们之间是没有明显的界线的，存在彼此过渡的过程，而且是不间断地前进；尤其是将幼儿、少儿看作是某种完全迥异于男青年及成年男子的人，看作是某种如此不同的事物，以致人这个共同的种族几乎仅仅被模糊地反映在其概念、理解与词语当中，几乎完全不将其看作是在生活当中所存在的与为生活而出现的事物。然而在事实上确实是如此，因为如果注意到通常的言谈及实际的生活状况，就会发现幼儿与少儿的表现是截然不同的。特别是在后来的发展阶段当中的人谈论此前发展阶段上的人，犹如在谈论某种完全陌生的、与他们毫无半点相似的事物一样。少儿在自己身上同样再也看不见幼儿的特征，在幼儿身上也无法看到少儿的特征。青年在自己身上再也看不到少儿与幼儿的特征，而在少儿与幼儿的身上则看不到青年的特征，他首先带有排斥与轻视性的态度去看待他们。最有害的要素首先在于，尤其是成年男人最为明显，他们在自己身上再也看不到婴儿、幼儿、少儿与青年时代的特征，根本看不到先前发展阶段时自己的特征，而在这些发展阶段当中是感觉不到并看不到自己的存在，他宁可谈论在本质上属于完全迥异的性质的、具有完全迥异的性格与素质的幼儿、少儿和青年。

　　这种将人的各个发展阶段截然对立起来，并人为地划分明显的界线的观点，其根源在于没能及早开始与不断加强对人的发展的注意，并缺乏对自身生活的重视。这种观点，会给人类的发展与进步带来难以预料的不幸、阻碍与干扰，这是只能加以提醒，而无法进行详细阐发的内容。需要说明的只有一点：只有罕见的内在力量才可以消除从外部对其施加影响的人所设置的界限，然而往往只能通过强制性的突破，通过一种强制性的、可以消除其他发展性质的，至少对这些发展可以起到干扰与阻止作用的行动来加以实现。因此，对于在某一发展阶段当中会出现这种事情的人来说，为了他的整个人生，他的所有生活表现也应保留一些强制性的因素。假如父母将孩子与人的所有年龄阶段及发展阶段都联系在一起，而不越过某些阶段，并非毫无考虑、毫不观察、毫不重视这些阶段的话，假如他们尤其注意到，每一个后续的阶段都是以前一生命阶段的强有力的、完全的和特有的发展作为基础的话，那么，从任何角度看来，事情的发展就将会完全是另外一个样子了。父母时常容易忽略与轻视的一点便是：当一个人进入少年期，他们便认为他是个少年了，并将他当作少年来看待，当他到达青年期或是成年期时，他们便将他当作青年人或是成年人来对待；但是，一个人未必因为在年龄上达到少年期就已经成为少年，到达青年期就已经成为青年，而只有当他到达幼年与随后的少年期时，他的智力、情感以及身体的要求都符合标准时，才会真正成为少年与青年；同样的，一个人未必因为年龄到达成年期就一定能成为成年人，而只有当他真正符合其幼年期、少年期以及青年期的要求时才能成为真正意义上的成年人。另一方面，往往有一些极为明智与精明的双亲们，他们不但要求孩子表现出少年和青年的特点，而且还要求一个少年至少要表现得接近于成年人，要求他在各个方面都表现得犹如一个成年人一般，从而能够越过少年与青年期。在幼儿与少年的身上能够看到并注意到早期青年人与成年人的萌芽、天赋以及缩影，完全不同于将其作为一个成年人来看待与对待，不同于要求他在幼年及少年时期就要以一个成年人的标准来表现自己，作为一个成年人去感受外界，去思考与行动。这样来要求儿童的双亲都忽视并忘记了一点，正是因为他们几乎总是在根据自己的本性，按照某种观念，经历了要求自己的孩子跳越了若干成长阶段后，才成为精明的双亲的，而且肯定只能成为精明的人。

这种观点，还有忽视与后续发展阶段联系的先前发展阶段，尤其是最早的发展阶段，会给这些少年未来的教师以及教育者带来几乎无法克服的困难，因为在一方面，受这种条件制约的少年也会固执地认为，此前的发展阶段的任何教育及训练是完全可以无视和越过的，另一方面，假如在早期从其外部给他规定一个陌生的模仿与努力的目标，例如接受一定的职业训练与一定的成人活动，那么他将会遭到极为严重的损害与削弱。幼儿、少年，总之只要是人，除了在某一发展阶段完全实现该阶段所提出的要求之外，不应有其他的奋斗目标。于是，每一个后续的阶段，会如新的幼芽一般，从一个健全的芽苞当中萌发出来，而他也将在每一个后续的阶段当中，在同等的努力之下，直到该阶段完满终结，实现该阶段所提出的全部要求，因为只有每一个先行的发展阶段当中的人得到了充分发展，才能推动并引发每一个后续阶段上的充分与完满的发展。

这一点，特别是在发展及训练创造产品的人类活动范畴内，对于培育职业活动以及勤奋的精神有着无法忽视的重要意义。

　　今天，人们对于劳动与勤奋，对于创造外部产品的活动以及开创事业的观念无一例外是极为错误的观念，是站不住脚、死板而又无法唤醒生命力与哺育生命的，更谈不上孕育新的生命，因此是累赘的、压抑人的，丧失了价值的，起到阻碍作用与呆板僵死的。

　　那种认为人要从事劳动、工作、创造只是为了维系其身体与躯壳，只是为了获取面包、房子与衣服的思想以及胡言乱语是极为卑微的，只适宜容忍，不宜传播与进一步加以培育。人类进行创造活动，原本只是为了让存在于内心当中精神层面的东西，在他自身之外以一定的形式展现出来，这样他就能够认识其自身精神层面的本质。他以此种方式获得了面包、房屋、衣服是第二序列的派生产物，是次要的附属品。在天空当中飞翔着的鸟，按照人们的看法，它们既没有播种又没有劳动，但是当它们在歌唱与筑巢时，不是通过自己的每一种表现，通过千姿百态的举动来展现它们的精神以及生命吗？因此，人类应当向着天空当中的鸟儿学习，以始终依照地点、时间、职位与职业需求的方式，在其行动与工作当中，在形态与材料方面，从外部展现其本质，无论这一过程中所要学习的东西此时是何等的渺小、不起眼或是何等意义重大。于是，他能够出于生活需要的满足而得以安居乐业。他在利用自身内部以及外部的精神力量方面，随时能够切实地找出一种手段、一种途径，而当他可以满足自己在尘世当中的需要时，便再也没有过多的需求了。假如外部的各种力量一切都消失了，那么这一切都在其内部依旧完好无缺，可以通过忍耐来克服这一系列的欠缺。因为在有限当中展现出来的一切精神作用决定着时间顺序，决定着时间的渐次性以及连续性，因而，当一个人在其生命的某一时刻当中，无论这一时间是近是远，是早是迟，忽视了将自己的力量在自身外部实现，或是将其升华为一项事业，或至少为了某一项事业与行动而进行进一步发展，那么绝对必然与不可避免地在

某一时间段当中会在他身上出现缺点，出现缺点的程度将相当于他忽略
发展自身力量，并把其升华为一项事业的程度。至少对他而言，在某一
段时间当中，无法达到他所要达到的一切，而这一切，假如他始终能够
忠实履行自身天职、忠实地履行其职责的话，本来是可以达到的。因为
按照我们的生活所遵循的尘世普遍有效的法则，那种被忽视了的活动，
其成果出现的时间必然要到来。那么，一旦活动与工作被忽略，其成果
又怎能出现呢？人对于某一时间当中出现的各种缺点是没有其他办法加
以克服的，除非发挥他的第二方面的精神力量，即想得开与能忍耐，使
缺点得以自行消失，并尽其最大的热忱，通过工作来避免日后出现任何
类似的缺点。

　　因此，出生在这个世界上的，正处于成长期的年轻人需要尽早地对
其给予从事外部工作与生产活动的训练，因为这里存在双重的理由，即
两方面都必不可少的需求，一个内部要求与一个外部要求，由于前者将
后者包含在内，所以前一个要求是最为重要与永恒的。这一点，也是人
的本性的内在要求，婴儿的感官与四肢的活动是其最初的萌芽，也是最
初的身体活动，是蓓蕾，也是最初的求知欲的根源。游戏、制造物件、
制造模型是儿童最初的思想蓓蕾，这是人为了日后的辛勤、刻苦以及多
种多样的生产活动而必然要经历的受教育时期。每个儿童，更进一步来
说，每一个少年与青年，无论他们的地位与处境如何，应当每天至少拿
出一或两个小时用于生产一定的外部产品，来作为自己真正的课外活
动。今天的儿童，即通常所说的人，过多学习与从事形式过多的无目的
的与不确定的活动，而所从事的切实的劳动太少，虽然通过劳动与在劳
动的过程中学习、通过生活与从生活当中学习，要比任何方式的学习都
更加深入与更容易被理解，虽然学习本身及其所取得的成效要比任何其
他方式都更能生动活泼地深入发展。儿童及其双亲往往轻视真正的劳动

活动，将其看作是自己的损失，认为这种活动对他们未来的状况是毫无影响、毫无意义的，所以教育与教学活动必然要将制止这种倾向来作为自己最为重要的任务。现在的家庭教育与学校教育正在将儿童引向迟钝与懒惰。无限的人力无法得到发展，无限的人力正在遭受损失！在学校当中的现有教学学时数中，教师如果能够引进真正的劳动课是非常有益的，而且必须切实做到这一点，因为人由于使用自己的人力不足，并只能按照外部的考虑来决定他人人力的使用，所以他丧失了衡量人力的内部与外部尺度，因而也就丧失了对人力的认识、尊重与评价以及对人们诚心诚意信念的重视。

人力的发展、训练与表现不仅体现在静止地存在于人体内部的精神上，也不只体现在向外发挥作用的劳动与实际操作当中，而且同时也要归结到人力自身，立足于此，而在后一种情况下便是节制、适度与节约。除了指明这些要素以外，对于一个尚未完全变得同自己不一致的人而言，难道还有比这些更重要的东西吗？勤劳和节制原本是不可分割地存在于精神世界内部的，彼此紧密结合的要素，它们在哪里真正地紧密结合在一起，并协调一致地发挥作用，哪里就会有和平、欢乐、幸福、恩惠与祝福。

正如能够将儿童身上展现出来的人格看作是一个整体那样，儿童身上所展现的人的未来的全部活动能够被视为人类活动的胚芽。人，为了让自己及其人性得到完全彻底的发展，在儿童时期，我们就要在尘世关系的整体上，完整统一地去看待孩子。但由于整个统一体是以局部展现出来的，整个全面性是以时间层面的前后连续性以及前后依次性展现出来的，所以世界与生活对于儿童而言以及在儿童身上只是作为局部与在前后连续当中发展的。所以人的力量、天赋及其发展方向、四肢以及感官活动，是按照其本身在儿童身上显现的必然次序发展出来的。

训练、发展婴儿的感官

　　对一个刚刚降世的幼儿而言，眼前出现的外部世界是全新的，尽管这个世界总是由同一些事物按照同一类结构所组成，然而对幼儿来说，最初万事万物都处在迷雾般朦胧的、无形的黑暗以及杂乱无章的混沌状态下的，甚至幼儿自身与外部世界也是彼此混合的，由那种虚空构成的。然后，来自这种虚空与被迷雾笼罩的事物，特别是通过父母或母亲一面得来的，最早出现在幼儿和外部世界二者之间的，将这两者分隔开而又把两者联系起来的言语，往往以多样性的形式，将其固有的独特性质展现在幼儿面前，于是人，即幼儿，最后把自己也看作是一个具有一定独特性的、完全不同于其他任何事物的客观对象。所以，在人的心灵和精神世界当中，在人类的思想发展史上，在人类意识发展过程中，在儿童身上从他出生起直到最后作为一个个体意识到身居伊甸园以及在这里体验到展现在他眼前的美丽大自然的奇妙为止，在这一全过程中所获得的经验里，正如《圣经》里向我们所讲述的那样，再现了万物被创造及发展的历史。同样的，在每一位儿童身上，在此后的时间里，按其本性会重复同样的行为，这种行为标志着道德的解放、人性解放的开始与理性发展的开端，标志着全人类道德解放、人性解放的开始以及全人类理性发展的开端，而且这种解放和理性，对争取人类的自由而言，是必然的要素。从自身出发去认识、去捉摸、去洞察人类发展的整个历史，直到追溯至当前的历史阶段，这一切，是每一颗心灵，特别是注重自身发展的人类个体的使命。为此，每一个人，凡是能够做到这一点的，应被要求把他自己与别人的一生及早地和经常地作为一个整体来认知与看待，并且每个人都应这样来认识和看待自己和他人的一生。唯有按照这种方式，人类才能正确理解历史，理解人类发展的规律，理解自身，理解自身发展的历程、现象和事实，理解自己的心灵、性情和精神的发展过程。只有这样，他才能理解他人，只有这样，父母才能理解自己的孩子。

化内为外，化外为内，并寻求两者的对立统一，这是表达人生命运的一般的外部形式。所以，人所接触的每一个外部事物，都需要人们去具体认识它，从它的本质与它的联系上去一步步认知与承认它。人具有感官，这即是得以实现这种要求的工具，它也充分和足够地体现了"感官"一词的含义，即"将外在信息自发地转为内部信息"。①

但是，世界上的每一个事物，只有当人把它同它的对立物联系在一起，并发现它与对立物的统一性、一致性和同一性时，才能被充分认识，并且，对它与对立物的联系和统一性的发现越多，对它的认识也就越发全面。

外部世界的事物往往以固体状态为主，或以液体状态为主，或主要以气体状态显现在人的面前，与此相对应的，人生来具有感官来感知这些以不同状态出现在眼前的事物。

同时，所有事物又是或以静止状态，或以运动状态出现在我们面前

① "感官"一词的德文原文为"Sinn"，即字根为"s"+"inn"；"将外在信息自发地转为内部信息"的原文为"Selbsttatige Lnnerlich—Machung"。第一个词以"S"开头，第二个词的前三个字母为"inn"，两者合起来正好成为"Sinn"，即"感官"一词。福禄培尔在这里以文字游戏的方式来说明"感官"一词本身就具有"将外在信息自发地转为内部信息"的含义。——译者注

的。与此相对应，每一种感官又分属两种完全不同的器官，一种主要起到认识静止物体的作用，另一种主要起到认识运动物体的作用。比如对气体的感知归属听觉与视觉器官，对液体的感知归属味觉和嗅觉器官，对固体的感知归属感觉和触觉器官。

按照通过对立事物来认识事物的规律，幼儿的听觉器官率先得到发展。然后，通过听觉和在听觉的引导、制约、刺激下，视觉也得到进一步发展。通过幼儿身上这两类感觉的发展，才使父母和周围的人有可能在物体同它们的对立物之间、物体同言语之间，随后是物体同符号之间建立起最为密切的联系，结合得严丝合缝，犹如一个彼此交错、重叠的共存物一样，从而引导幼儿去观察事物并进一步认知事物。

随着感觉的不断发展，幼儿身上又同时而富有规律性地发展大脑对身体及四肢的协调应用，而发展的顺序又取决于其自身的性质与物质世界事物的特性。

外部世界的物体，或者本身在更多情况下是接近人的，是静止的，因而需要人们以静止的态度去对待它们。或者，它们在更多的情况下其实是运动着的，正在远离的，因而需要人们去攫取、抓住它们，并紧紧把握住它们。或者它们是同固定的、处于远方的事物紧密相连的，因而要求因地制宜地采取适宜的办法拉近彼此间的距离，并使它们逐渐完成向自己靠拢的过程。这样，就在坐和卧、抓和握、步行和跳跃方面发展四肢的使用。直立是四肢和身体在整体上的运用，而且是最完美的总体运用，它意味着身体重心的完善掌控。身体的直立对于这一阶段具有重要意义，正如微笑和身体的自我发现对于前一阶段的重要意义一样。

在这一发展阶段上，对于一个降世未久，身体人格都处于发育期的人来说，至关紧要的发展因素仅仅在于对其身体、感官、四肢的运用，仅仅是为了运用、应用与练习，而并不是为了达到特定的目的。运用的结果对他而言是完全无关紧要的，或者更确切地说，他还根本没有预感到这一点。因此在这一阶段开始，儿童游戏必须是运用四肢进行的：综合运用他的双手、手指、嘴唇、舌头、双脚以及眼睛和面部表情来完成这些游戏。

虽然在面部和身体的活动当中展现出来的这种表情及四肢游戏，如刚才所说，一开始并非以内部特质在外部的表现作为基础的，这种表现原本是在下一发展阶段当中才会体现出来的，然而这些游戏作为儿童起初的表现应该注意并保护，以免儿童习惯缺乏任何内部基础的身体层面，尤其是面部的活动，比如眼睛和嘴角的活动以及在早期就出现的举止和感情、身体和心灵、外在和内部的区分与隔阂，这种区分与隔阂会导致虚伪，或导致儿童形成一种在将来非意志力可以控制的、无法消除的身体动作与举止，从而导致这个人终其一生始终犹如戴着假面具一般。

因而从幼儿时代早期起，就绝不准许在除他们以外无任何有活动能力的物体存在的情况下，让他们长期独自待在床上或摇篮里，这样做，对防止身体出现虚弱而言也是必要的要素，因为身体的虚弱必然会导致心理上的脆弱与稚嫩。为避免这些后果的产生，幼儿的睡床从一开始就不要太过柔软。幼儿的枕头可以用干草、海藻、细禾草、糠秕或马鬃制成枕芯，但不能使用羽毛枕。幼儿睡眠时盖的被子也应当轻一些，确保空气能够流通。

为了避免前一种状况，在幼儿入睡前，尤其是在醒来后，避免孩子孤独地处于一个封闭空间内，在幼儿的视线内可以悬挂一只不断晃动的、内有一只活泼的小鸟的鸟笼是很不错的方式，这种办法，能够刺激幼儿的感官与精神活动，为其脑部发育带来有益的帮助。

提高幼儿的知识水平与素养

在感官、身体和四肢活动已经获得一定的发育之后,儿童开始自动地向外展现其内在本质,婴儿期也随之结束,幼儿期随后开始。在这个阶段以前,人的内在还是一个没有开始分化的、无多样性的统一体。随着学会说话,人的内在便开始了分化,即人的内在本质按手段和目的出现了多样性。人的内在本质发生分化,并朝外释放出来,力图向外界表现自己,宣告自己的存在。人依靠自发的力量影响外部的事物,并通过外部事物,把自己内在的本质向外展现出来,塑造自身形象,而人的这种自发和独立的发展,这种内在本质通过自身力量在外界事物自发表现出来的行为,也可以充分地用 Kind(幼儿)一词来表达,K–in–d①,即标志着人格进一步形成的发展阶段。

随着幼年期的到来,随着人对外部事物的行为及借此表现出的内部本质逐渐展现出来,人们开始寻求二者能够和谐一致,即力求将两者结合起来并使其统一的时期的到来,真正的教育便由此开始了。这时,尽

---

① 这里作者再次采用了一种文字游戏的方式,以说明"幼儿"(Kind)一词所包含的深刻含义。他把德文"Kind"一词划分为三段,即 K—in—d,"K"此处理解为"力量"(Kraft),"in"理解为"内在本质"(das Lnnere),"d"理解为"表现"(Darstellung)。福禄培尔在这里要表达的完整内涵是:"通过自身力量自发表现出内在本质"(selbstandige Darstellung des Lnneren durch eigene Kraft)。——译者注

管身体的保育速度有所减缓，但智力的培育速度却由此加快了。但在这一时期，人格发育与个人教育还是完全被托付给父母和家庭，孩子同他们一起，构成一个就本质而言是完整而不可分割的统一体。因为作为表现手段的语言，此时仅仅被看作可以听见的东西，说话在这一阶段上还是一种紧紧围绕人本身的行为。孩子还根本没有认识到语言是一种特殊的行为。它像他的手臂、眼睛、舌头一样，同他合为一体，而他自己对于它还一无所知。

人处于不同的教育和发展阶段时，除了这些阶段出现的必然顺序（按照这个顺序，较早的和最早出现的东西始终都是较重要的和最重要的东西），就它们重要性的高低程度来说，我们是无法准确确定其顺序的，每一个阶段，就它的重要性与所处时间而言，都是同样重要的，然而在人的幼儿期教育中，由于这一时期的教育本身包含着同周围的人和外界事物产生最初联系并获得进一步认知的作用和意义，并要求幼儿掌握周围外在事物的本质，这是教育的最初出发点，因而是十分重要的。这一阶段之所以重要，是因为这一时期对于一个正在发展中的人来说是极度关键的，即在幼儿看来，外部世界是否表现为一种高贵的或不高贵的事物，表现为一种卑微的、死气沉沉的事物，一件仅供使用、消耗和毁灭的东西，供别人玩赏的东西，或表现为自身的目的，表现为一种高尚的和有生命的东西，一种有精神、有灵魂和神圣的东西；它是否表现出纯洁的或污浊的本质，表现出富有庄严的事物或是一种低贱的、压迫他人的事物；幼儿是否可以按正确的关系或错误的、曲解的关系来看待和认识周围事物。所以，处于这一发展阶段的儿童，应当正确地和确切地看待一切事物，应当正确而确切地、纯正地描绘一切事物，无论就事物本身而言，还是按其本质和特性而言，都应当这样加以对待。幼儿应当正确地描绘物体与空间、时间的关系以及物体彼此之间的关联，用恰当的名称和词汇来表达每一类事物、每一个词语本身，按照其音调、词根、词尾等组成部分加以清晰、纯正地运用。由于人处于这一阶段时，要求幼儿清楚、正确地描绘周围的一切事物，因此就要求大人们要将周围的一切事物正确、清楚地展示在孩子面前，这是成功教育孩子的大前提。对于进行语言表达的儿童来说，语言和语言符号与要描绘的对象是一体的，即使他还无法把词语与事物分开，正如他还无法把身体与精神分开一样。它们对他而言还是同一的东西。儿童在这一时期的游戏可以证明这一点。儿童在游戏中，只要他能够说话，就非常努力地用语言来表现自己。游戏和说话是儿童此时生活的要素，因此，处在这一发展阶段的儿童，将所有事物都看成是富有生命、感情和言语能力的，并相信所有事物都在听他讲话。这正是因为儿童开始将自身的内在本质朝外表现，所以在他眼中，他周围的一切事物也可以进行与自己相同的活动，无论这事物是石头还是木材，还是动物或植物，都是如此。

这样，对于处于此发展阶段的儿童而言，正如他的生活本身得到发展，他与父母和家庭的生活得到发展，他与一种崇高而无形的自然力量共处，并使自身得到发展，特别是他在——正如他所感受到的那样——日常生活当中所学到的知识水平与个人素养也得到了发展。这一时期特别应当依靠游戏来加强儿童教育，通过儿童游戏来实现成功育人，而这种游戏在最初仅仅是自然生活的一部分。

游戏是儿童身心发展的重要方式。这一时期人的发展要想达到最高阶段必须依靠游戏，因为它是人类内在本质的自发外在表现，是内在本质出于本身的必要性与必要的外在表现，"游戏"一词本身就说明了其本质与重要性。游戏是人在此阶段中最纯洁的精神产物，同时是人的整个生活、人与一切外在事物内部隐藏着的自然生活属性的样品和复制品。所以游戏能够带给人欢乐、自由、满足感，让人的内部和外在都活得平静，同周围环境和平相处。一切善的根源在于它、源自它、得益于它。一个能干、平心静气、坚韧不拔、直到身体疲劳为止始终坚持游戏的儿童，也必然会成为一个能干的、平心静气的、坚韧不拔的、能够不惜自我牺牲来增进他人和自身幸福的人。一个专注于游戏的儿童，一个全神贯注地投入游戏之中的儿童不正是这一成长过程中最完美的表现吗？

前面已经提过，这一时期的游戏并非是无关紧要的，它具有高度的严肃性及极为深刻的现实意义。培养它、哺育它吧，母亲！保护它、关心它吧，父亲！用真正体悟人类本性的平静而敏锐的眼光去观察审视游戏吧，在这一时期儿童自发选择的游戏里，可以暗示他未来的内心生活。这一年龄阶段的各种游戏是对孩子整个未来生活的预演与暗示其未来发展的胚芽，因为一个人最基础而核心的素质和最内在的思想正是在游戏中得到发展和表现的。人的整个未来生活，直到他即将离世之刻，其整个发展源流主要取决于这一生命阶段，不管人的未来生活是纯洁的还是污浊的；是温和的，还是粗暴的；是平静的，还是充满波折的；是勤劳的，还是懒惰的；是功绩卓著的，还是碌碌无为的；是迟钝而显得优柔寡断的，还是敏锐而独辟蹊径的；是麻木不仁，还是富有远见卓识的；是拥有建设性的，还是破坏性十足的；是与他人和睦共处的，还是生性好斗的；是习惯惹是生非的，还是能与他人打成一片的。他将来对双亲、家庭和兄弟姊妹的关系，对社会和人类、自然的关系，按照儿童固有的和天然的禀赋，主要由他处在幼儿期时的生活方式决定。处于这一年龄段的儿童几乎不知道哪一种事物对他更亲切——是花呢，还是自己面对花感到的欢乐，还是当他把花朵带给母亲，母亲露出笑容时给予他们的欢乐。谁能分析出这一年龄段儿童究竟有多少种方式能够感受到欢乐呢？假如儿童在这一年龄段遭受损害，假如孩子的未来生命之树的胚芽遭受损害，那么他必须付出最大的艰辛和努力才能在将来成长为强健而身心健康的人，必须克服重重的困难，在其朝着正确的人生方向发展的道路上，避免这类损害所造成的人生畸形发展，或至少防止这种损害所造成的错误思想与精神障碍。

正确养育孩子，引导幼儿认识外界

在幼年时期的这几年里，儿童的饮食是极为重要的，它不仅对儿童当前的发展与生活来说是重要的，而且对未来的整个人生都是至关重要的，因为儿童可以通过进食影响其未来的人格与性格倾向。所以儿童在断奶之后直接进食的最初食物应当简单而适度，应当是不超出绝对必要限度之外的人工的精制食物，尤其不要用过多的香料来刺激孩子的食欲，也不要太油腻，以免阻碍脏器的活动。

父母和保姆们应永远告诫自己要遵循的普遍育儿真理是：提供适合儿童成长发育的必要物质基础与未来教育素材，这样孩子未来将更为幸福，更为强健，同时，无论从哪一方面来说，都将真正地发挥自身的创造力。难道有人从未发现过度的香料添加和过量的饮食供应会导致儿童长期陷入食欲不振的状态吗？儿童的食欲有时会减退，然而这仅仅是处于受抑制的状态而已，一有机会，便会明显地表现出来，并剥夺人的一切尊严，强制他放弃义务。父母们如果想到，这不仅关系到将来多少个人的幸福，而且也关系到家庭乃至家族的幸福，甚至关系到一般社会公民的幸福，那么他们或许会为自己的孩子提供截然不同的食物。但很多对于教育子女非常蒙昧的父母，我们看到他们递给孩子的是各种形式和各种性质的"毒品"，有粗糙的，有精致的。他们只想着提供过多的食品，只管让孩子吃个够，却不让孩子去充分消化这些食物，最终导致孩子的身体受到损害和削弱。这类父母认为怠惰和懒散是儿童应当享受的休息，只会对儿童健康成长造成莫大阻碍。

人类安宁、幸福和健康的增进和促成，其实并不复杂。我们都有简单的、伸手可及的手段可以运用，但我们却对它们视而不见。或许我们已经看到了它们，却不重视它们。由于它们简单、自然、易于应用并近在咫尺，我们就认为它们微不足道，甚至是可鄙的。然而，因为我们必须依靠自己来使孩子的头脑变得越发精明，拥有卓越的见解和透彻的洞察力，让他们完全而充分地得到应有的教育，而这主要取决于我们在孩子的幼年时期给予他们哪怕仅仅是一点点的微小的关心。

能否使每一对新婚夫妇从这些惨痛的经验和现象中吸取教训并绝不重蹈覆辙呢？能否利用这些惨痛的经验将貌似简单而无足轻重的起因，与将来导致儿童教育大为失败的后果联系在一起，提醒他们要注意哪些事情呢？为了获得这一点惨痛的经验，教育者必须做出千百次的努力，否则对这种惨痛经验的认识也难以帮助他在未来的生活中力挽狂澜，将有害的因素扼杀在萌芽状态。

然而要避免错误是简单的，要找到正确的做法也并不困难，饮食必须适量，不应为吃而吃，进食的唯一目的是促进体力和智力发展及活动；更不要把饮食的特色，即口味和精美程度作为进食的目的本身，它仅仅是为了补充良好、清洁和有益健康的营养品这个目的所决定的手段而已。否则，饮食反而会破坏健康。因而儿童的食物应尽量简单而健康，以能够维持儿童生活所需，使其体力和智力达到应有程度的发展为宜。

为了使儿童在此阶段在智力、身体能不受限制地活动和游戏、发育及发展，他的衣服不应让他感到束缚、禁锢，因为这样也会同样束缚、禁锢人的精神。在这一年龄段和以后的各阶段里，不能让孩子穿着破损的衣服，因为衣服对儿童来说，会间接影响其精神与心灵。衣服的式样、颜色、形状本身不应作为穿着的目的，否则，衣服会使孩子很早就过分注意自己的外表，使他变为空虚的、轻浮的人，像一个布娃娃多过像一个孩子，变成木偶而不是一个真正的人。因而，衣服的选择对于儿童来说，绝非无关紧要，保持整洁即可。

因此，在家庭的范围之内，父母抚养教育子女的内容及目的便是唤醒、激发并进一步发展孩子的全部潜力与素质，培养人的四肢及一切器官的运作能力，满足其素质及力量的各类要求。母亲出于自身天性，在没有丝毫指导与要求的情况下，在没有经过丝毫学习的情况下本能而自发地做出所有抚育孩子的行为。然而只是如此依旧不够，她必须将孩子看作是一种已经有自主意识的生物，要想对一种正处于觉悟过程中的生物产生影响，有意识地引导孩子实现自我的不断发展，在自己与孩子之间在某种程度上建立内心之间鲜活的自觉联系。

因此，我希望在向各位母亲们指出其对教育孩子发挥的重要作用的同时，能让她们认识到儿童教育的实质、意义及与其他事物的关系。毫无疑问，思想单纯，但是有勤于思考的头脑的母亲，可以将这一点做得更加正确、完美而深刻。然而人是必然要经过从不完善到完善的过程。所以，我希望以上说到的一切可以唤起父母的真诚和冷静的、考虑周到和合乎理性的爱，并将孩子幼年的发展过程完整地呈现在我们面前。

"把小胳膊伸给我！""你的小手手放在哪里？"——一位正教育孩子的母亲力图让孩子清楚并想象自己的身体所具有的多样性以及其四肢的差异性。"轻轻咬一下你的小手指头。"这是一位富有思想、天真地逗弄孩子的母亲发自内心的一种自然感情并由此恰当地引发的行为，它将引导孩子观察并认识一个在自身之外，而又与自己密不可分的对象，引导孩子学会对如今接受启蒙的最初现象所表明的未来进行思考。母亲以愉快地做游戏、逗弄的方式来引导孩子去认知自己未曾见过和观察过的鼻子、耳朵、舌头、牙齿等身体部位同样是重要的。母亲轻轻地拉拉孩子的鼻子或耳朵，好像要将它从头上、从脸部拉下来一般，并让他看看自己半隐藏的指尖说："耳朵在这里，鼻子在这里。"于是，幼儿开始用手抚摸自己的耳朵和鼻子，内心充满欢乐，随后绽放笑容，因为他感到有两样东西依旧处于原位。母亲的这一行动是用最简单的形式引导并激励幼儿有朝一日能够达到了解一切的程度，尽管他还无法从外表上观察到这一切。所有这一切，目的是让幼儿有朝一日可以意识到自身，能够对自己、对世界进行思考。正如一个 10 岁的正在接受教育的儿童同样会处于自然的感情自以为不惹人注意地自言自语道："我并非我的胳膊，我也并非我的耳朵！我可以将我的四肢与一切感官同我自己剥离开，我永远是自己。那么，我到底是谁呢？我称之为'我'的个体到底是什么呢？"母爱可以将同样的精神继续传达出去，她可以说："将你的小舌头指给我看一看。""把你的小牙齿指给我看一看。""用你的小牙齿咬住它。"这样能够引导幼儿立即应用这些东西。"把小脚丫伸进去（袜子、鞋子里）。""这（指袜子、鞋子）里面是小脚丫。"这样，母亲的天性与爱就能将孩子狭小的外部世界从整体到局部、由近及远地逐渐展现在孩子面前。并且，正如她用这种方式将外界的事物本身及其空间关系展示给孩子一样，不久她也会帮助孩子逐渐懂得这些事物的基本特征，当然，首先是它们的实际作用，随后是其静止的状态。母亲说："火焰正在燃烧。"同时把幼儿的手指轻轻接近蜡烛，使他可以略微感到蜡烛的光和热，同时不让他被烫到，以防他由于无知而遭烧伤。或者母亲说："刀子会割伤人。"同时把刀刃轻轻地放在孩子的手指表面。或者说："汤会烫嘴。"随后，母亲才似乎要让孩子明白事物的这种永恒不变的性质或其原因，说道："汤是热的，会烫到嘴。""刀子是尖而锋利的，会割伤人、扎伤人，要把它放下。"母亲从认知事物的作用开始，引导孩子意识到事物的固有属性，认识事物的锋利、尖锐等稳定的性质，此后再从认识物质稳定的性质把孩子直接引导到认识刺、割等动作的作用，而不需要亲自去经历这种事。接下来，母亲引导幼儿亲自感受自己的行动，然后再观察自身的行动。这位在自己的全部行动里始终如一地将言语与行动结合，对幼儿进行细致教育的母亲，当幼儿应当进食时会告诉他："张开小嘴。"在洗脸时说："把小眼睛闭上。"或者，母亲为了让孩子知道他自己行动的目标，当她把孩子放到小床上时，她会说："睡吧，睡吧。"或者，当她将食匙靠近幼儿的嘴巴时会说："吃吧，孩子。"为了让幼儿意识到食物对味蕾和舌部神经的影响，注意到食物与饥饱感之间的关系，她会说："这味道真好。"为了让幼儿注意花的香味，母亲有意做出嗅闻的动作并发出响声，说道："这东西真的很香。来闻闻，孩子。"或者与此相反，她带着略显嫌恶的表情将鼻子和脸避开花朵。这样，这位纯朴的母亲，为了不让世俗的目光亵渎了这个神圣的孩子，几乎羞怯地偷偷把孩子隐藏起来，尽力以最为自然的方式让其四肢与所有感官得到充分活动。可惜因为我们自作聪明而忽视了全人类发展历程中的这一自然与神圣的起点，我们由于无法观测人类发展的起点或终点，以致也无法看清人类发展历程的正确方向，因而手足无措。丧失了自然的指导，我们必然求助于人类自身的聪明才智。我们想要说明的是，在所谓有教养的家庭当中的育儿室里，那些长于世故的人几乎不相信儿童已经具有某些特质，这些特质必须及早加以发展，只有这样，儿童才能成功地成长。这些人还很少能明白，儿童有朝一日会展现出一切素质，尽管目前还难以察觉，他的身上却已然存在着这些素质的根基，并且这些素质只能在儿童内心深处发展。因此，这里的一切看起来是那样死气沉沉而冷酷，或者充其量来说，是多么刺耳的哭喊与喧闹声！让我们看看与听听，在育儿室里，母亲是怎样把运动当中的事物展示给孩子的："听！小鸟在唱歌。""狗在叫'汪汪'！"然后直接从言语表达转换到名称，从发展听觉转为发展视觉："唧唧喳喳地叫着的小鸟在哪里？""汪汪在哪儿？"母亲甚至把孩子从对事物及其性质彼此结合进行观察，到只是对事物的性质本身加以观察，母亲首先指着正在高飞的鸟说："鸟儿在飞。"而后又指着流淌的河流或镜子反射的正在动的光点对孩子说："看，小鸟。"然后，为了能让孩子知道这是一个非生物性的现象，它与鸟的共同点只是它是活动的，这位母亲说："捉住那只小鸟。"同时要求孩子用自己的小手把光点挡住。或者，为了让孩子观察运动本身的特质，母亲让某种东西做钟摆运动，说："嘀、嗒，嘀、嗒。"或者说："来、去，来、去。"

同样的，母亲为了让孩子能够注意到物体的变化，她可以指着蜡烛说："这是光亮。"然后将蜡烛拿走并说："光亮离去了。"或者说："爸爸过来了。""爸爸离开了。"或者为了让孩子关注事物本身的运动，说："小猫来，来到宝宝身边。""小猫跑开了。"为了激发孩子身体与四肢部位的活动，她说："抓住这朵花。""抱住猫咪。"或者，母亲拿一个球慢慢滚动，说："把球拿住。"

包容所有的母爱尝试激发幼儿与父亲及兄弟姐妹间极为重要的情感，并让幼儿清楚这种感情，她说："摸摸可爱的爸爸。"或者她抚摸着孩子的手，把它拉到父亲的面庞上，说："噢！这是亲爱的爸爸。"或者说："摸摸姐姐。"并说"噢，噢！亲爱的姐姐"等等。

除了极为美好的事物由此发展起来的那种共同情感本身之外，包容一切的母爱还试图通过动作（这是极重要的），通过有规律、有节奏，并富有韵律性的动作，通过对她手中抱着的幼儿的爱抚，通过按有韵律、有节拍的声音发出的有韵律、有节拍的动作让孩子感受自身生命力的存在。这位真诚的而富有自然天性的母亲就这样从各个方面小心地迎合着存在于孩子不同层面的生命力和天然特性，强化它，唤醒这个深层意识还暂且处于沉睡状态的生命，并使它得到长足的发展。而另外一些人则将孩子看作是完全空虚的东西，认为必然把生命从外部直接灌输给他，并按照他们所空想的那个样子，使孩子真的成为空虚的东西，使他的内在生命力被暗中扼杀。于是作为训练语言与声调的手段的那种极为单纯与自然地导致人的一切生活展现出来的节奏和有规律结合的手段，而使得儿童内在意识与人格得以逐步发展起来的东西，也会因此而丧失，因为很少有人意识到它的不凡意义，重视它并按照人的生命本质去发展它。把人的进一步发展与训练与之联系起来的人则更加凤毛麟角。

尽管如此，有节奏、有规律的动作帮助孩子拥有完美的早期发展，对于一个孩子的一生无论是从近期的发展，还是长远的规划的角度来看都大有裨益。如果父母与老师在对孩子的早期教育中，很早就中断了有节奏而合乎规律的教育模式，将会给教育工作者的后期教育带来很大的障碍与损失，而作为受教育者的学生蒙受的损失则更加巨大。儿童是比较容易理解符合自然规律、适度的生活。许多为所欲为、不适当的而粗暴的东西很容易从生活中、从行为中消失，而代之以更多自制、协调的事物。同时，这样的生活与教导也有助于日后帮助培养孩子对自然和艺术、音乐、诗歌的鉴赏力。

培养幼儿各方面的潜质

　　即使是非常幼小的，尤其是处于睡眠状态的孩子的咿呀学唱也逃不过细心而觉察力极强的母亲的注意，并可能被保育员作为未来音调与歌唱技巧发展的最初萌芽，而给予孩子更大程度的重视并针对其天赋引导其未来发展，这样，无疑在这方面将会像说话一样，展现出儿童的主动性。在说话方面，在得到相当的发展与以后逐渐显现出来的优秀语言能力的情况下，那些描摹尚未被发现的性质的新概念、独特的联系和关联的词汇似乎会自然而然地被儿童所掌握。例如一个年纪幼小、孩子气十足并得到母亲引导的女孩，在长时间地触摸和仔细观察覆盖着浓密而柔软的细毛的某种植物叶片后，高兴地对母亲喊道："啊，毛真多！"母亲却意识不到她曾指示孩子去注意具有此类性质的事物。类似的情况还有这个孩子在一个星光璀璨的夜晚看到天空中有两颗光辉夺目的星星距离很近，她会为此兴高采烈地喊道："父母星！"而母亲却根本不知道，这种运用在星星方面的联想，在孩子的头脑当中是如何被激发出来的。

　　教幼儿站立与行走时，我们不应借助拐杖与牵引绳。当孩子具备独立站立和独立保持平衡的能力时，他自己会站立起来的，当他能够独立地向前移动身体并依靠自己的力量保持平衡时，他自己就会开始行走。他不应在能坐起来、坐直并借助他身边的突起物，帮助自己站立起来之前就开始尝试站立。他不应当在能爬行、自由站起来、自己保持平衡，并此情况下向前迈步之前就开始尝试行走。首先要求他做到在离母亲有一定距离的地方自由地站立起来，再回到母亲跟前。不久，幼儿就会感觉自己的腿有了力量，他对这种力量感到发自内心的喜悦，并像过去学会站起来一样，乐于重复行走这一新学会的技艺，他不知不觉间不断练习这一技艺。又过了一段不长的时间，如今吸引他的是光滑而美丽的小石子，令人眼花缭乱的五颜六色的小纸片，光滑而匀称的三角形及正方形的小木板及小木块，矩形的、彼此重叠又相互交叉地搭接在一起的小木块，以其形状、颜色、光泽、组合彰显其特征的树叶，他尝试着通过刚刚学会的四肢运动去接近并获得这些东西，把同一种类的事物放在一起，把不同种类的分隔开来。请看那边那一位几乎还无法站直身子，因而只会小心翼翼地缓慢迈步的幼儿，他看到一根树枝、一根稻草，费力地接近它们，并将其拿过来，仿佛春天里，幼鸟将自己往鸟巢里挪动一样。请看那边屋檐下的那个孩子，他正吃力地弯着身子缓慢朝前移动。从屋顶上流下的强有力的雨水冲刷了自泥土与沙砾中露头的光滑的小石子，而孩子注意这一切的目光把它们作为日后用于修建未来建筑的材料收集在一起。难道他做得不对吗？难道不正是这样吗？难道这个孩子不是在为他未来生活里的建筑、生命的大厦而搜集砖瓦吗？在这里，同一类的东西被搜集在一起，不同种类的东西被分隔开。而且，并非将粗糙的东西集中到一起，而只是把脱离了毛坯状态的东西搜集在一起。

要保证建筑物坚固，就必须熟悉每一类材料的名称与特性，还要对其用途有深入的认识，幼儿那种天真、冷静而又孜孜不倦的探索显示他渴求做到这一步的心理。我们说他天真，因为我们还不能理解他，因为我们的感官没有完全倾注在孩子身上，并缺少对孩子的同情。由于我们是这样迟钝，所以儿童的生活对我们而言是毫无生气的。既然我们无法给自己解释儿童生活的意义，我们怎能向儿童解释清楚他们想知道的东西呢。然而这一点恰恰是儿童渴望我们能够去做到的。儿童生活中的各类事物在我们毫不知情的情况下，我们如何用语言对此加以说明呢，而这一点恰恰是儿童内心中有着强烈渴望的东西，在这种渴望的驱使下，儿童以其紧握的小手将自己的发现带给我们，把它放在我们眼前。事物可以说就是这样必然会自行地使它变得明了的。凡进入幼儿还较为狭小的视野与使他尚显狭小的世界得到拓展的东西，都能够让他欢喜，对他而言，就算是最微小的东西也是新的发现。但这些东西不应在无生命的状态下进入孩子那狭小的世界里，并就此停留在那里，否则会让他那狭小的视野变得暗淡无光，使得这个年轻的世界濒临崩溃。因此，幼儿自己也希望明白，为什么这些东西使他欢喜，他希望了解事物的所有特性及最内核的本质，以便有朝一日可以了解自己的喜好倾向。因而儿童从各方面对物体进行检验及观察。因而他将它撕破。因而他把它放到嘴里进行感受，把它咬碎，或至少也是尝试着去咬碎它。我们呵斥、责骂孩子，认为它可恶而愚蠢，究竟是孩子不如我们一辈聪明呢？还是其他的原因？儿童想要认识事物的内在本质，这种本能非儿童的天性。

儿童有理解力、理智及语言能力，而周围的长辈却没能去满足和不能满足儿童的这类迫切要求，那么，他除了从事物本身去探究这种满足外，还能够并应当去哪里寻求额外的满足呢？那里是被打碎的石子，这里是被扯碎的花朵，这不已然是知识的扩大吗？难道我们成年人还能够以其他方式来增加自己的知识吗？植物内部不是坚实的、空虚的或是含有木质结构的吗？其横断面并非圆形的或是有棱角的吗？并且在有棱角的状况下，不是呈现三棱形、四棱形或是多菱形的吗？儿童所做的一切，都是为了通过事物的外表去认识其内在本质，还有这类事物与自己的关联。为了首先弄清楚他之所以喜爱、向往、迷恋这些事物的原因，我们身为年长者，身为成年人，作为研究者的做法是否有差异呢？但是，这样的事当教师在讲台上进行操作时，当教师从讲台上要求我们的孩子这样去做时，在我们看来才具有实际的价值与意义，但在孩子自主做这些事的时候，我们却熟视无睹。因此，就算是最优秀的教师进行通俗易懂的讲解，有时也会对孩子不起作用，因为他们现在正在讲台前学的东西，原本是他们在幼年时期就应该通过我们的解释性的、启发性的话语已经学习过的东西。孩子是乐于主动探索这个世界的，需要周围的人特意提供给幼儿的东西其实并不多，幼年时代所需求的仅仅是对幼儿所做的、所看的、所发现的东西讲解其性质，说出其名称，并用言语加以表达。逐渐成长为少年的幼儿，其生活也变得越发丰富多彩，但是我们看不见；幼儿的生活是生动活泼的，但是我们感知不到；这种生活尽管与人类的使命和天职相适应，但我们却想象不到；我们不仅没能保护、扶助、发展其生活的内在萌芽，却任其被自身欲求的重荷所压垮、窒息，或者当他由于某方面的弱点而表现出不自然的不良倾向时，我们却无动于衷，于是我们会在孩子的教育方面看到一种与我们称之为植物不自然生长（Neid）和变态幼芽（Wasserschoβ）类似的现象：这是将类似于植物幼芽的儿童，即人类的幼苗的力量与精力、欲望和本能朝着错误方向加以引导。这时我们也许会想把正处于成长期的由幼儿迈向少年的孩子往另一个方向引导，但已经太迟了，因为我们对于正在向少年期过渡的幼儿进行教育的深刻意义没有深刻的认识，甚至认识是完全错误的，而采取相关挽救措施又太晚，就算想亡羊补牢也为时已晚。

瞧，那边的那个孩子，为了对刚才发现的一块小石子从其外在推断其特性，把它放到他身边的一块木板上进行摩擦，终于发现其具有掉色的特性。这是一块石灰或黏土，一块赭石或白垩。瞧，他对于新发现的特性感到极其兴高采烈，他正在忙碌地运用这一新发现的特性；木板的表面几乎已经完全变了一个样子。最初让这孩子感到高兴的是尚未被认知的特性，然后是改变了的木板的表面，一会儿变红，一会儿又变白，一会儿再变黑，一会儿又变成了褐色；随后让他高兴的是缠绕交织的、形状变化多端的线条。这些线条状促使儿童去关注周围事物的线条与形状。现在，人的大脑便成为圆形的东西，而围绕成圆形线条则代表人的脑袋，与此相关联的、椭圆形的、环绕一周的线条是躯干；手臂和腿展现为直线或曲线，而这样的线条在他看来便是手臂和腿；手指在他看来是若干线条汇集而成的一小部分，而这样结合起来的线条，在这个富有创造性的孩子看来便是手和手指，眼睛在他看来便是点，而点在他看来也就是眼睛。这样，一个新世界就从里到外地完整显现在其面前；现在他开始理解了人力求表现的东西。

通过对线条的理解与展现，一个崭新的世界就展现在了这个不久就要成长为少年的幼儿面前；他不但把外部世界缩小，使他的眼睛与感官更便于理解它；他不但能把作为回忆或新的联系存在于自身意识中的东西向外展现出来，而且能把一个崭新的无形世界，即各种力量的世界直至细节层面都发掘出来。滚动着的与被滚动的圆球，被投掷和往下掉落的石块，被堤坝拦住并分流入许多沟渠的水流使孩子懂得，以各种方式展现力的作用，它的方向始终是线状的。事物通过线条的展现不久便可以让孩子理解和表现力的作用方向。"这里是一条小河正在流动，"孩子一面说，一面画出一条标识小河流向的线条。孩子将在他看来代表着一棵树的多个线条联系在一起："这里也长出了一根树枝，这里又长出一根树枝。"说着，他从树干上画出一些代表树枝的线条。孩子意味深长地说："这儿又飞来一只鸟。"并同时按照设想当中的鸟飞翔的方向画出了一条飞行曲线，假如你们递给孩子一根粉笔，不久在他与你们面前便出现一幅新的作品。如果父亲也依靠寥寥数笔勾勒出一个人、一匹马的轮廓给他看，那么，这个由线条构成的人和马，相比真实的人和马，更能让孩子高兴。

母亲与照顾孩子的工作人员在这种场合下，是怎样来引导孩子的呢？你们要清楚这一点，只要勤加注意与观察，孩子本身会教给你们这类方法。这里的一个孩子正在画一张桌子，他在自己的手所能触碰的范围内勾勒出桌子的轮廓。这样，孩子按照物体原本的形状将物体描绘出来，这是第一步，对他来说也是最有把握的一步，唯有通过这一步，孩子才能意识到物体的轮廓及形状。孩子将用同样的方式来画椅子、凳子、窗户。但孩子已自发地更前进了一步。他根据模糊的想象在桌子、凳子和椅子等四角形的木板上画上了角平分线，这样就能画得更精准。现在他已在按等比例把这个形状描绘下来。瞧，那边的孩子要把桌子、椅子和板凳等各种东西都画在一个桌面上。你们没有看到孩子在这方面自身所具有的自发性达到了何等地步，经过了何等程度的训练吗？他把自己能够移动的及其目光所及范围内的物体放在木板上或桌子上，用手在物体的边缘比画着，将其形状画在平面之上。时而画剪刀与棋盘，时而画树叶与树枝，甚至画下了自己的手或物体的影子。通过这类活动，儿童在诸多方面都得到了发展，比如对物体外形的明确理解，在脱离了实际物体的情况下，也能描摹出物体的形状，他已经将物体的形状牢牢地留在记忆中，加强了手臂与手自由描摹物体形状的能力，等等，孩子的各方面能力都得到了增强。

以绘画及数字发展幼儿的修养与素质

　　殷勤照看孩子的母亲，悉心关怀孩子的父亲，关注孩子的其他家庭成员，就算本人没有画过哪怕任何东西，更别提家庭当中会有一个真正的画家，却能够引导正在成长为少年的幼儿达到这样的地步，以至于可以相当精确地画出一条直线、一条对角线，甚至是一个垂直状态下的长方体。如果父母没有过于谨小慎微或吹毛求疵的毛病，而是经常将孩子的行动与适当的语言结合在一起，例如，"我要画一张桌子、一面镜子；我在石板和木板上画出对角线。"那么，对于发展与增强儿童的力量及能力是大有裨益，也是极为必要的。这种方法可以加强儿童的内在修养与素质，增强其外在力量，增长其知识，加强其判断力和预防许多存在谬误的思考方式，而这种判断力与思考力的觉醒是不会过早地、自然而然地出现在孩子身上的，因为话语与图画诗词需要相互说明与相互补充，因为其中的任何一方在对所要描绘的事物的关系上都不可能是极为详尽的。图画原本就介于语言和实物之间，具有与语言和实物共同的特性。在这一点上，它对幼儿及少年，乃至对一般的人而言，作为教育和发展的手段是极为重要的。真正的图画与实物应当是基本一致的，因为它力求从实物的形状及轮廓上，将其展现出来。它与语言是一致的，然而绝非实物本身，而只是实物的反映。语言与图画在本质上又是截然对立的，因为图画是死的，而语言却是活灵活现的。图画是能够看见的东西，而语言是能听见的东西。因此，语言和图画正如光与影、白昼与黑夜、精神与肉体一样，是不可分割、永远联系的。因此，绘画能力，与语言能力一样，不论在成年人身上，还是在儿童身上，都是天生的，与语言能力一样，也无条件地要求得到发展与训练。经验也清楚地告诉我们，儿童喜欢绘画，甚至对绘画有迫切的渴望。

绘画，通过图画和在图画上展现出的事物以及由绘画展现出来的见解，使儿童很快地达到对常见的实物及其同类物体有了明确的认识，例如人有两只眼睛与两只手臂、五个指头与五根脚趾，甲虫和苍蝇有六条腿。这样，物体的图画会引导儿童对数目开始关注并且有明确的认识，同一物体多次重复出现会让儿童拥有数的观念。同类物体按某类关系集合成一定的、各自不同的量，这就是物体的数目。这样，通过对数的认知，通过发展与训练儿童的计数能力，其认识范围又扩大了，他的世界也就更加宽广，他的内心生活的本质需要，他的精神向往获得了满足，因为在这之前，儿童始终带着一定的渴望，带着模糊的感觉——他似乎还缺少某种认识外部世界的手段——观察由同类或不同类事物集合而成的或大或小的量。这些不同的集合体的事物的量，其关系他还不能完全认识和理解，还不能确定，但这时他已经知道，他有两块大的及三块小的石头，有四朵白的与五朵黄的花，等等。关于量的关系的知识将会让儿童对生活的认知能力得到极大的提高。

然而，儿童的智力发展需要母亲及其他保育员从最初开始，就要按照数的本质所包含的方式，按照人的思想中确定的思维规律，根据日常生活的客观需求，发展儿童的计数能力。如果我们可以沉着和冷静地对儿童实施观察，那么很容易发现，儿童是如何自发地采取从可见的有形物体出发，上升到认知不可见的无形抽象事物这条由人类思维规律所决定的途径的，尽管他自己对此是无意识的，然而他的确是沿着这种道路前进的。因为孩子首先将同类物体归结在一起，于是就获得了如苹果、胡桃、梨、豆子等概念。这时，母亲与其他善于引导的保育人员只需对孩子进行合理的解释，即把看得见的东西同听得见的东西加以联系，这样，借助苹果、梨、胡桃、豆子等这些物体的名词使物体更容易被儿童理解与认知，更接近其感觉。

大家都看到过孩子是如何将每一类物体逐一整理并排列起来，但在这种场合下，母亲又会加上解释性的、生动的言语，如：

苹果—苹果—苹果—苹果等，这一堆都是苹果；

梨—梨—梨—梨等，这些都是梨；

胡桃—胡桃—胡桃等，这些都是胡桃；

豆子—豆子—豆子—豆子等，都是豆子。

或是如石块、树叶等其他各类东西，孩子都可以把它们排列起来，各种各样的物体中总有几个能够排在一起，归为同一类。为使孩子能够更好地理解这些物体，母亲便按照刚才所提到的那种方式与孩子一起说话。

随后，母亲一边让孩子将一个物体与另一个物体归为一类，一边与孩子一起把这一行动明确而清晰地用语言表达出来，例如：

一只苹果—又一只苹果—又一只苹果—再一只苹果—许多苹果；

一只梨—又一只梨—又一只梨—再一只梨—许多梨；

一个胡桃—又一个胡桃—又一个胡桃—再一个胡桃—许多胡桃；

一粒豆子—又一粒豆子—又一粒豆子—再一粒豆子—许多豆子。

也可以用手指进行这类活动。每一类物体的量始终通过均匀地逐一增加而逐渐增多。

此后，母亲以确定地标志数量增加的数词进行交谈，以代替"又一个""再一个"等不确定性词语，而且始终与孩子一起数着现实中的物体，例如：

一个苹果—两个苹果—三个苹果，等等；

一只梨—两只梨—三只梨—四只梨，等等；

一个胡桃—两个胡桃—三个胡桃—四个胡桃，等等；

一粒豆子—两粒豆子—三粒豆子，等等。

随后，母亲从同类物体当中取出若干物体，按数量逐渐增大的自然顺序予以排列，并把这些行为用言语加以说明，如：

〇个苹果—〇〇个苹果—〇〇〇个苹果—〇〇〇〇个苹果，等等；

〇只梨—〇〇只梨—〇〇〇只梨—〇〇〇〇只梨，等等；

〇个胡桃—〇〇个胡桃—〇〇〇个胡桃—〇〇〇〇个胡桃，等等；

〇粒豆子—〇〇粒豆子—〇〇〇粒豆子—〇〇〇〇粒豆子，等等。

然后，母亲与孩子一起念，最后，母亲让孩子单独把物体排列起来的同时，进行言语说明，即让孩子自行计数。

如果说此时在每一个数字后还标明与说出物体的类别，那么随后便只说出数字，直到最后才提到与说出物体的名称，如：

〇（一）—〇〇（二）—〇〇〇（三）—〇〇〇〇（四）个苹果；

〇（一）—〇〇（二）—〇〇〇（三）只梨；

〇（一）—〇〇（二）—〇〇〇（三）—〇〇〇〇（四）—〇〇〇〇〇（五）个胡桃；

〇（一）—〇〇（二）—〇〇〇（三）—〇〇〇〇（四）—〇〇〇〇〇（五）粒豆子。

这里，注意力首先放在与一定的数目关联的物体的数量上，随后才注意物体的种类本身。

最后，母亲只强调说出系列当中的一定数量，而完全不考虑物体的类别，如：

〇（一）—〇〇（二）—〇〇〇（三）—〇〇〇〇（四）—〇〇〇〇〇（五），等等。

这是对按照自然顺序排列起来的数的纯粹思考与简单理解，也就是说对纯粹的数量的理解。

在幼年期的儿童身上应发展这样一种至少到 10 为止的明确与肯定的数列知识；但绝不应当将数字当作空洞的、毫无意义的声音讲给孩子听，并让孩子机械地，即同样毫无意义的、空洞地模仿着父母的声音；否则，在这种情况下，假如人的思想不能最终自发地，依靠自身的力量来排除各类反常观念的话，孩子也许会毫不在乎地说出 2、4、7 或 8、1、5、2 等这样顺序极为混乱的话来。

以上关于发展孩子对于数字的概念的介绍，同时为我们提供了有关儿童是如何并按照什么样的规律从观察个别事物逐步上升到一般性事物乃至最普遍的事物概念这一过程的简单例证，当然，在观察中，这一过程往往是瞬息即逝的。

家务与职业活动引导儿童独立思考

　　我们从处于幼年后期并正在脱离幼年期进入少年期的儿童，如何才能得到正确引导、良好抚育及切实保护的，又如何让孩子体会到何等丰富、饱满、生机勃勃的内部和外部生活呢？未来成年人的思维与感觉、知识及技能的对象，如果其最初的根苗并非萌发于幼年时期，那么，它究竟来源于何方呢？未来教学与训练的课题，如果不是萌芽于幼年时期，那么，它究竟来源于何方呢？语言与自然事物呈现于儿童面前；数、形状、大小的性质，空间知识，力的本质，物质的作用开始向孩子进行展示；颜色、韵律、音调、形态在其萌芽状态时就已经带有独特的意义并展现在儿童面前；自然界与艺术世界对他而言，已开始能够被明确地区分开，同样的，他已能够有把握地将自己同作为自己对立物的外部世界进行比照；在他的心中，自己的内心世界的感觉已开始发展起来。然而尽管如此，我们还根本没能触及也根本没有注意到还没充分成熟的、还没有进入少年期的幼儿的整个生活层面，这是与从事家务、从事职业活动的父母亲、兄弟姊妹一起生活的一个侧面。

　　我向外眺望，一个雇工的不足 3 岁的孩子正牵着他父亲的马；父亲将缰绳放到孩子的手里，孩子安静、平稳地走到马的前面，并用坚定的目光转过身来看着马是否正跟在后面。尽管父亲手里紧握着用来制服马的笼头，然而孩子却始终坚信是他自己在牵着马走，而马则必须跟着自己。这一点何以见得？证据可见于这样的事实：父亲为了跟一位熟人说一说话，他站定了脚步，自然马也站住了；但孩子把马停下来看作是其任性的行为，于是他使出全身的力气拉住缰绳，以便催促马继续前进。

我的邻居有一个刚满 3 岁的儿子，在我的园圃四周的篱笆旁帮母亲放牧小鹅。他让这些生机勃勃的小动物觅食的场地是狭小的。也许正是由于这个小牧童希望按照自己的心意为这些小鹅找寻食物，所以它们却想要逃离这个小孩身边。这些幼鹅走在一条路上，在这里，繁忙的交通随时会给它们带来严重伤害；母亲看到这一情景，便向孩子喊道："注意，孩子！"这时，由于这些小鹅不断试图获取自由而干扰了其工作，这个小男孩烦躁地回答说："妈妈！你大概以为看着小鹅并不难吧？"

谁能指明，如果双亲及保育人员重视儿童如何与将来的发展，并将这种发展运用到以后对孩子实施的教学与训练中去的话，那么，儿童从双亲的这类工作中所获得的发展能力，并引用到未来的发展中去，会带来怎样的成就呢？

瞧，这是正在成长中的园丁的孩子。身为园丁的父亲正在除草，孩子想帮助父亲工作，于是父亲教他如何区分毒草与香菜：这就需要注意叶片的不同光泽与不同气味。那里是护林人的儿子陪父亲在过去共同栽种树苗的砍伐区里巡视，所有的地方看上去都是绿油油的。孩子认为目光所及范围内的都是松树；但父亲说，其中的一种是属大戟科的植物，并教他辨识两者的不同。那里是一位担任织物印染工的父亲在向细心观察的孩子说明一定的液体是如何让颜色有所改变，一定的颜色总是以这种方式出现变化。他对孩子说，这种液体叫作酸，等等。他告诉孩子为何如果织物上面的图样显现在右侧的话，模子上的图样必须出现在左侧。

这里是一位商人在教自己的儿子，咖啡豆是被剥去外壳的植物果核。他还利用另一次机会将这种植物指给他看。他在另一次去野外旅行时指给孩子看那些由长的、圆的、褐色的、黄色的、白色的颗粒构成的商品——兰芹、罂粟、小米、大麻等是如何在野外生长的。

就这样，身心健康的孩子在自己的父母引导下逐渐成长，而悉心关怀儿子的父母则引导孩子从农村走向城市，从自然到艺术，或反之从手工艺制作到耕种和园艺。尽管出发点和原因各不相同，但各自都有可能从自己惯常的认识范围出发去认识其他人的知识范围，把别人的认知范围同自己的认识范围连通起来。父亲的每一种活动、每一种手艺、每一种职业都能够将一个起点引导到掌握人类的所有认知。如果孩子在幼儿期没能受到父母的指导，那么当孩子进入少年期后，学校生活只能在耗费昂贵代价的条件下，极其困难地将儿童的理解能力和认识能力从头开始培养，而且往往效果不佳。这方面的成效如何，要取决于利用和不利用，重视和不重视儿童的家庭教育生活。诸位为人父者，你们的孩子必然会有接受家庭教育的迫切需求，因此不管你们身处何地，从事什么工作，孩子总是缠着你们求教。你们不要拒绝他们，不要将他们赶走。你们不要对他们一再提出的各类问题感到不耐烦。你们的任何硬性拒绝与把他们生硬赶走的话语，都会毁灭其生命之树的蓓蕾和幼芽。但是，你们也不要用言语对他们做出过于繁多的解答，除非没有你们的详细解释，他们就无法领悟自己的问题，因为他们听别人的（或许只是一知半解），当然相比于自己去寻求答案更为容易，但是，通过自己找寻到的四分之一的答案，对孩子来说，比之单纯听别人讲解而最终一知半解更重要。后者会导致思想与精神层面的懒惰。因此，你们不要总是直截了当地回复孩子的问题；只要他们具备这方面的能力与经验，就要为他们提供更加深入了解问题的条件，引导他们从自己的认识范围出发，自己解答问题。

　　我们身为父母，特别是当父亲的（因为处于这一年龄阶段的幼儿需要我们加以特别照顾和引导），应当着眼于履行我们身为父辈的义务（对孩子加以引导）所涉及的一切事务。让我们去感受因履行了自身义务而享受到的欢乐吧！我们除了从引导孩子的过程中，从与孩子共同生活中以及在为孩子们而生活中得到的欢乐与享受外，再也无法从任何途径得到更多的欢乐与享受了。

　　如果我们大家都能注意到那位在平凡的市民环境里，在一个充满欢乐生活的幸福家庭中的平静父亲说出真心话（在此仅部分复述了他的话），他所要表达的道理将会给我们留下极为深刻的印象。他仅用一句简短的话，便完整概括了自身的行为准则："及早地引导孩子去学会独立思考，我认为这是儿童教育的首要任务。"在他看来，使儿童尽早养成劳动与自己处理事务的习惯，是不言自明的道理，是无需赘言进行说明的。此外，养成孩子独立思考的习惯已经在帮助孩子养成劳动与勤奋工作的习惯方面大有裨益，是否同时也在养成家庭成员与公民应具备的一切德行方面也有受益呢？那位父亲的话是一粒种子，由此将生长出一棵开满芳香花朵、结满丰硕果实的生命之树。我们当中那些放任孩子去无所思考、无所作为地过日子，因此而变得愚昧无知的父母们，应对这位父亲的话仔细思索。

　　这种说法是严酷的，然而是符合事实的，只要我们在与孩子一起交往和生活中以检验的、研究的目光加以审视，便会发现这类情况。确切而绝不过分地说，我们是无知的；我们周围的所有事物，在我们看来都是没有生命的；在所有知识领域，我们都是空虚的，对我们的孩子而言，我们缺少知识，我们的话语是空洞的；只有在很少的情况下，在我们讲话植根于自然观与人生观的情况下，我们才会对其生活感到高兴。因此，快让我们给予孩子生命力吧！快让我们的语言内容变得充实起来，并赋予我们周围的事物以生命力吧！我们在社会的共同生活过程中使用的言辞是毫无生机的，是没有价值的游戏筹码，因为它们缺乏内涵。它们是凶恶的幽灵，因为它们根本没有躯体。我们所经历过的和看到的一切是没有生命力的。它们是把孩子们压垮的元凶而并非是让他们成长的助力，因为它们缺乏振奋人心、赋予事物以内涵和意义的言语。我们的讲话犹如是一本失败的图书，这本书的内容都是我们死记硬背下来的，里面都是第三手的陈旧资料。我们自己不理解自己所说的内容，无法合理组织自己的话语，所以我们的讲话永远都是空洞、毫无内涵的。我们的精神世界与外部生活是如此贫乏，以致孩子的生活也同样贫乏。家长们！让我们去为孩子设法获取并提供自己所缺少的一切吧！我们要让一切激励与组织儿童生活的力量为自己所用。让我们向孩子们学习吧！让我们悉心倾听他们的生活所发出的警告与他们的心灵发出的无声要求吧！让我们与孩子一起生活吧，这样，孩子的生活将为我们带来安宁与欢乐；这样，我们将变得聪明，开始正确而贤能地处理事情。

幼儿期的儿童主要应当发展其语言能力。因此，在儿童的一切活动中，不可避免地要以一定的、纯正的言语与其行动联系起来，通过言语来说明其行动。每一个对象、每一件事物在儿童看来，似乎唯有通过言语才得以存在，在此之前，尽管其眼睛似乎已经觉察到了这些事物，但这些事物对他们而言却还根本不存在。在儿童看来，似乎唯有言语本身才能够创造事物，因此，言语和事物如同树干与树枝的关系一样，是统一的。尽管事物与言语之间以及事物通过言语与人之间存在着的此类内在联系，然而人处于其发展的这一阶段，认为每个事物与其他事物都是毫无关联的，每个事物与每个整体的各部分也并非有机地结合在一起。然而，人和事物的使命却倾向于采纳完全不同的方针：人不但应当将每一个事物看作是不可分割的整体，而且还应当将它看作一个为实现整体目标而划分为各个部分的存在。他不仅应当将它看作是独立的整体，作为统一体和个体，而且应当将每一个个体看作是实现一个更高层次的整体目标的更大和更上一层楼的整体的一个环节。从每一个事物当中，他不但应当认识与看到外部的关系及联系，而且应当认识并看到其内在的联系以及它同与之在外表上分隔开来的事物之间的内在统一。

然而作为一个外部世界存在于人四周的整体事物，在这一发展阶段当中的人还无法把它作为一个统一体来加以认识，而仍然只能够通过关于具备独立性与个性的个别事物的特有本质及其独特本性的知识来进行认识。但是，一个人在认知每一个事物时，假如事物就外表与内部来说，与他关系太过密切，他便难以认识其内在本质，并且，如果它在外表与内部两种关系上，与他关系过于密切，那么认识它的难度也在同等程度上有所增加。在家庭圈子内的父母与孩子之间等误解就是常见而富有说服力的证据。因此，一般而言，人是难以认识自己的。外部的分离相反会导致内部的团结一致，导致对内在本质的发现及认知。人要真正地认识自己，就必须在外部展现自己，将自己同自身对立起来。如果人应按照自己的使命去正确认识，甚至透彻认识他四周每个事物的本质，那么他必然在幼年期以后进入一个对他而言的新时期，进入一个与按其本质而言，人与事物不分时期对立的、重新将人与事物分隔开来的，将人与事物在外部彼此对立起来，然而内部统一的，使其彼此接近的人的发展阶段。这一时期将事物与言语分隔开，将事物与言语的每一方面作为区别于另一方面，不同于另一方的事物来加以认识，这样，人也就能从事物的内部去认知事物。这一时期便是语言本身作为某种独立存在的事物而出现的时期，它是人继幼儿期后发展的另一个主要阶段。

随着语言从事物当中分离出来，随着语言从说话人那里分离出来，甚至随着更进一步出现的语言通过符号与文字达到的外在化和具体化的，以及随着语言的真正具体化和语言被看作是某种有形的东西，人便开始脱离幼年期而进入少年期。正如"Kind"（幼儿）一词明确地表达了前一发展阶段的特点一样，"Knabe"（少年）一词同样明确地表达了随后到来的这一发展阶段的特点，在这一阶段，人通过自身的力量使外界事物朝自己靠近（nabebringt），而为自己所掌握。

少年期儿童的特点

人在前一个发展时期，即幼年时期，属于是生活本身的时期，也就是只是为了生活而生活的时期。这是一个使内在的事物转变为外部事物的时期。而在第二时期，即少年时期，则主要是将外部的事物转变为内部的事物的时期，即学习时期。

对于父母和教育工作者而言，婴儿期主要是保育时期。继婴儿期之后的新时期，即把人看作统一体进而以统一体来进行要求的幼年期，这一时期主要是对儿童加以教育的时期。此前提到的少年期主要是让儿童懂得事物内在的特殊关系与事物的一般和个别的区别，以便他们以后能够领略事物内在的统一性，即从观察个别事物出发，发现并指出其内在的各种倾向与属性。观察和处理个别事物并从这些事物的各种特殊内在倾向关系中，观察并处理个别事物是教学的任务与本质，因此少年期主要是对儿童加以教育的时期。

少年期作为儿童教育及素质的发展和训练的关键时期，不但要遵循人自身的特性，而且还要遵循事物本质当中包含的不变的与明确的规律与法则，尤其是人和事物同样必须共同遵循的法则。或者更进一步明确地说，少年时期的发展和训练教学，不仅要遵循这条普遍的、永恒的法则在人类身上特殊的表现方式，而且也要遵循该法则在人以外的任何事物中所展现的，或是在人本身和其他事物中同时与共同地表现出来的特征。因此，这一时期的教育必须遵循以这种具有普遍性和特殊性的外在规律与法则。所以，教学活动只能也必须借助认知事物、提出见解、谨慎求证、培养敏锐的洞察力和对事物规律有所觉悟这些特质与历程来进行。开展教育活动最广义的场所就是学校。学校的作用就是引导人们去认识并把握存在于人体以外的事物，并按照存在于这些事物中的具有特殊性与普遍性的法则去认识并把握事物的本质。学校通过把外在的、个别的、特殊的个体展现在儿童面前，引导他们去认识并把握普遍、内在、统一的规律。所以，少年时期同时也是学生时期的开端。随着少年时期的开始，学校生活也就随之开始了，无论是在家庭内外，也无论孩子到底是受教于父亲、亲人还是老师。在这里，学校既不可以被单纯理解为校舍，也不能被理解成有营业场所的教育机构，而是为了一定的目的并按教学规律有意识地传授知识的机构。

正如从各方面展现出来和继续展现出来的那样，人为了完成其使命与实现其天职，而需要经历的各类发展和训练阶段，乃是一个具有永久性而不断前进的，始终从一个阶段向另一个阶段跃迁的不可分割的整体过程。婴儿期就已觉醒了的共同感情，在此时期逐渐发展为儿童的较为明显的冲动与行为倾向；这些冲动与行为倾向进而转变为儿童的性情，并在少年身上以智力活动与意志活动的形式展现出来。使意志活动提高为坚强的意志，并激发和养成一种纯洁的、巩固的、坚强的而又经久不渝的意志，借以使纯洁的人性首先在自身内部并通过本身的行为得到表现与实现，是老师指导少年儿童的基本原则，也是学校教学的主要目标和关键所在。

意志永远都是有意识地从一个起点出发，按照一定的内涵，朝着一个业已确定的目标前进，与人的本质彼此协调一致的精神活动。这一定义说明并决定着父母与教师、学校在这些年当中对待儿童的态度及应给予儿童的一切。儿童的所有精神活动的起点应该是坚强有力而又健全的；这种精神活动的源泉应该是纯洁、清澈而源源不绝的；它的方向应该是单纯与确切的；其目的应当是坚定、自觉的，就其本质而言是有生命的，能够促进生命发展，同时是对生命有所滋养的，本身应始终生机勃勃、不断进取、不断完善，它应当是值得我们去努力追求的，应当是对得起人的使命与天职，能够让人的本质得以发展、表现的。因此为了让儿童自然的意志活动发展为真正坚强的意志，儿童的一切活动、一切意志必须从其内部本质的发展、训练及展现出发并紧密联系在一起。借助实际案例与言语进行的教学及此后借助教诲和实践活动进行的教学是达成此目的的常见途径与手段。单凭实际案例是不足的，但单凭言语也有所欠缺。不能单凭实际案例，这是因为这是单一、个别的例子，未必具有普遍性，只有通过语言才具有普遍性与实用性；也不能单凭语言，语言是具有普遍性的，纯精神层面的事物，往往具有多重含义，只有通过实际案例，通过教学活动，才具有直观性，才具有应用于实践的意义。但是光靠实际案例、语言、教学活动三者结合也是不够的，还要这三者与一颗纯洁、善良的心相结合，这颗心便是源于幼儿期教育的成果。因此，少年期的情操陶冶也完全要以幼儿期的教育为基础。意志活动源自于强健的性情和人格，没有后者，前者就是无根之木、无源之水。

但是，儿童为大量存在于自己周围的一切在表面上彼此孤立的事物当中，找到一个内在而必然的统一体，找到一个如他自身感受到的精神统一体，找到赋予事物以生命力的精神纽带和自然法则，获得一种源自内心的探究渴望，就是他本身所拥有的纯洁善良的心灵与敏锐而真诚的性情的外在表现。通过这条纽带与自然法则，这些事物至少能够获得生命的意义和对于生命有所裨益的意义。这种渴望对于处于幼年期的人而言，是通过充分享受其亲身经历的生动而活泼的游戏来得以满足的，儿童通过游戏的形式而被置于所有事物的中心，一切事物被看作仅仅与他自己及其生活产生关系的。然而，充分满足这份渴望的前提是有好的家庭生活，唯有这种家庭生活才可以促使儿童善良的心灵与充满奇思妙想而又天真无邪的头脑得以充满活力地开始接受教育，对于任何教育阶段而言，甚至对于人的终身发展无可比拟的重要。由于这种渴望是人实现真正发展与人格形成的基本条件，而任何分离的思想将会破坏人心灵的完美发展，所以在人的少年时期，一切与成长教育相关的要素就已经与家庭生活息息相关，一切相关要素都在家庭生活中有所体现，家庭生活是教育的关键，这是在幼年期就已经明确的事实。

因此，对于儿童而言，自己的家庭生活本身就是一种与个人生活不同的外界生活模式，并成为其生活的楷模。父母必然要始终关注这样一个事实。儿童将会遵照这种生活模式在他外部所表现的那样，在自己的生活过程中将它纯正、和谐、有效地展现出来。在家庭当中，儿童会目睹父母及其他家庭成员的所作所为，看到成年人在日常生活当中与其家庭所接触的各种关系当中进行创造性的思考、工作，于是，处于这一发展期的儿童也会自己去展现自己所看到的一切生活要素。他将会尝试着表现他目睹的其父母、周围的成年人所创造的、展现出来的和所做的一切，这样他将会从这一过程中认识到依靠人的力量，通过四肢运动所能创造的可能性活动和生活方式。

探索游戏对少年的重要影响

　　在此前，处于幼儿期的儿童仅仅是为了活动肢体而运动，而现在，少年期的儿童却是为了创造和解决问题而活动，或者说为了获取成果而活动；幼儿的活动本能在少年儿童身上发展为塑造事物的冲动，而其整体的外部生活中，即这一时期儿童生活的外部表现，要归结到这类塑造事物的冲动中。

　　处于这一年龄阶段的男孩与女孩，是多么由衷地愿意分担父母的各类工作啊！而且并非是分担游戏性质的、极为简单的工作，而是劳心费力的、要求付出体力、会感受到艰辛的工作。父母们，这一点你们要格外谨慎，要小心并多加思考！假如你们将孩子对你提供的帮助看作是孩子气的、不中用的、意义不大的，甚至是看作给自己找麻烦的举动而拒绝，那么你们可能会立即或至少在很长一段时间里破坏孩子的活动能力和塑造事物的冲动。你们不要由于工作节奏紧张而导致自己做出错误的引导。要避免自己对孩子说："走开，你只会碍事！"或是说："我现在很忙，让我一个人安心工作！"这样，孩子们的内心活动就会被严重扰乱。他们整个的内在力量被激起了，但他们感受到自己是孤单的，不知如何去运用这些被激起的力量，甚至这种力量反而成为了一种负担和压力。他们会感到恼怒并变得怠惰起来。父母这样拒绝他们一两次，孩子便不会再次要求帮助父母并分担父母的工作了。他会感到非常生气与烦闷，尽管他如今看到父母所做的工作是他的确可以参与的。谁没有听到过这样对待孩子的家长们在日后抱怨孩子："当这个孩子年纪还小，无法帮我的时候，什么事情上都要给我捣乱；现在，他（她）有了知识和力气，却什么都不干了。"父母们，你们要格外注意的是：从人身上展现出的人最初的活动本能及最初的塑造事物的冲动是在没有他的主观强烈意向的参与下时，甚至在违反其意志的情况下，按照对他而言无意识地、潜移默化地在他身上发挥作用的精神本质，而从他的精神内在中产生的，这一点，一个人即便是在此后的年龄段里，也还是可以感觉到的。如果一个人，尤其是在他年纪尚幼时，这种对于活动的内在需求，特别是对于时常与身体的努力联系着的塑造、创造和表现的内在需求遭遇外部阻碍时，尤其是遭到无法逾越的父母意志的阻拦时，那么这种内在力量本身便会遭到削弱，而当这种力量多次被削弱后，便会彻底丧失和不再发挥作用。这种遭受干扰的孩子不能去考虑其提供的帮助是否适合，以及为什么这一次被允许而下一次就会被拒绝。他会选择适合自己身体与自然本性的事物。他容易变得不再愿意轻举妄动，似乎正是父母的意志要求他必须这样去做。孩子变得懈怠懒惰起来，也就是说，其肉体不再渗透着精神和生命力了。它对他而言仅仅是一个躯壳，是他无可选择而去承受的负担，因为以前对力量的感觉引导他感受到的身体根本与现在的身体截然不同，而仅只是渗透到这具躯体上的力量的强而有力的载体。所以，父母们，假如你们此后在适当的时机希望孩子能够助你们一臂之力的话，那么就要尽早培养孩子的活动本能，尤其是在当前少年期培养其塑造事物的冲动，即使这需要你们做出一定的克制和牺牲，也是在所不惜的。你们所做出的克制及牺牲，犹如从肥沃的土壤中要想获得好收成就必须付出辛劳一样，以后将会收获更多的回报。你们要加强、发展并巩固现有的成果。你们要最大限度满足孩子当前的需要。

你们要允许孩子将自己的力量应用于父母的工作当中（因为是父母的工作，所以是他们尤为喜爱的工作），这样，他不但能意识到自己的力量，而且尤其懂得这种力量的尺度。

如果说幼儿时期的活动仅仅是对家庭生活的模仿，那么少年时期的活动就是分担家中的事情，例如搬运东西、锄地、劈柴等。他在任何事务上都试图尝试和衡量自身的力量，于是他会觉得身体变得强壮了，力量增长了，清楚力量的强弱。儿子随时伴随着父亲——到田间和园圃当中，到工厂与图书馆里去，去森林和牧场，饲养家畜，制作简单的小家具，锯木劈柴，在父亲的任何职业所包含的全部工作中。孩子从渴望知识的内心目的出发，会接连不断地提出各类问题，怎样？为什么？用什么办法？何时？何种原因？处于何种目的？每一个稍能满足孩子的答案，都可以为孩子开拓一个全新的世界。在这一方面，语言对他而言处处都起着媒介的重要作用，因而它具有独立的性质。

本身人格与心灵健全的，幼年时经历过简单而自然地适当引导的孩子，处于少年时期则决不回避困难，他会积极去寻求这种障碍与困难并去努力克服。"让它横在那里吧！"这个强健的男孩向父亲喊道，因为父亲想让他将一根木头搬离道路的中间。"让它横在那里，我是可以跨越过去的。"这个孩子尽管第一次颇费了一些力气才跨过去，但因为是他依靠自己的力量越过去的，所以在他身上便增强了力量及勇气。他退回去，再次翻越障碍，不久他就可以轻易地翻越过去了，好像路上没有任何障碍一样。如果说，孩子在幼年时期喜欢活动，那么在少年期，做事便会让他感到欢乐。因此，少年期儿童的大胆而勇于冒险的力量表现在于进入洞穴与深坑探险，爬树、爬山，漫游森林与田野。对于他而言，最困难的事也是容易的，最冒险的事也并非伴随危险，因为这些要求完全是由内心产生的，源于其情绪和意志。但这不只是试验与测量其在这一年龄阶段已试图在更广阔高远的范围内冒险的那种力量，而特别是他正处于内在生命的特性和需要见识世界万物的多样性的阶段，从整体上观察个别事物，特别是希望弄清那些距离自己较远的事物，从广度、多样性、整体性层面了解事物。少年的追求就是要逐步地扩大自己的视野与眼界。对于处于少年期的儿童来说，每爬上一棵树就等同于发现了一个崭新的世界。从高处远眺所看到的风景完全不同于我们日常习惯的那种狭窄视域所习惯的情景。一切在孩子的下方显得那样清晰。如果我们能够重新唤起自己在少年时代所经历过一切风景之后豁然开朗，眼界的限制被瞬间破除时所产生的那种开阔人心胸的感受，那么我们就不会朝孩子冷淡喊道："快下来，你会从树上摔下来的！"人们不能只是通过行走、站立、坐下来防止摔倒，还要通过观察周围事物来避免跌倒。而当人们从高处朝下眺望时，就算是最平常的事物，也显得那么新奇！我们是否应当并愿意及早将孩子的精神和心灵提升到如此的高度呢？他是否应当站在高处去获取对事物的明确理解，是否应依靠眺望远方进而开阔其心灵与思想呢？"但是，孩子会变为大胆妄为的人；我永远都免不了为其担忧。"从教育的早期开始，就通过冷静、按其发展特点加以引导的孩子始终不大会将自己的力量过高估计，因为他们的力量受过实际的检验，清楚自己的力量到底有多大，所以，他将会犹如受到守护神引导的那样，安全通过所有艰险。而另一个不清楚自己的力量和对力量的要求的、缺少训练，不清楚自己力量到底有多大而倾向于贸然行事的孩子，在即使极为小心的人也估计不到会出现危险的情境下，他却已然陷入危险了。不加考虑地去冒险，往往这样的孩子，他们不是依靠通过经常不懈的锻炼而获得的力量，而是受突然感知的一点微小的力量的驱使去寻找机会来应用它。尤其是有旁观者在场时，他们更容易去尝试冒险。

孩子喜欢进入洞穴或深坑当中探险，在郁郁葱葱的小树林里及幽暗的森林中漫游，这种倾向所代表的意义和作用并非无足轻重。这代表了孩子探索与发现未知事物的兴趣，为看到和认识未知事物而做出的努力，是为了揭示、占有并掌握处于黑暗之中的事物。孩子从这样的漫游当中会自觉或不自觉地带回一些有特点的石块和植物，隐藏在黑暗中的蠕虫、甲虫、蜘蛛、蜥蜴等小动物作为自己的收获，并在他返程的路上呢喃着："这个叫什么？这是什么？"等等许多亟待解答的问题，而每一个新词将会让他的世界越发丰富，使外部世界在他面前展现出更多的风光。自然，我们不可以对孩子怒吼："去你的！把这些破烂都扔掉。多讨厌的东西！"或者说："放掉，它会咬人的！"假如孩子因此顺从，则他同时也就抛弃了自己相当大一部分的求知力量，同时也将丧失很多本应获取的知识。而另一方面，一个不到 6 岁的孩子会和你讲述某种甲虫的奇妙结构及其各条腿的特有用途，这些东西过去在你看来都曾是不屑一顾的。当然你可以在孩子尝试捕捉这些稀奇的小动物时提醒他要注意的事项，但不要导致他心生胆怯。

然而真正健全而强壮的少年期儿童，其活动范围绝不仅仅是森林、高山与洞穴，我们日常活动的区域同样吸引着他们。瞧，他在靠近父亲花园的栅栏处的灌木树篱下面，为自己平整并修建了一个小花园。那里，他在一条小水沟当中观察河水的流动。那里，他借助小水车观察研究水流及其冲击的作用以获得这种现象的更明确、更全面的认知。这里，他在观察一片小木片或一块树皮在自己围成的小池塘里漂浮的特性。孩子尤其喜欢研究清澈的、给人以活力的、形态千变万化的水，渴求明确认知自身的孩子，会如同在镜子当中一样，在水里观察自己心灵的影子，同样的，处于这一年龄段的孩子通常喜欢玩弄如沙子和黏土等可塑性极强的材料。人们可以说，这是生命发展的要素，因为现在他凭借过去获取的力量与感觉，试图掌握与控制这类物质。一切都应当服从于孩子的塑造冲动。那里，他在土堆内部建造了一个地窖，在土堆上面建造了一个花园与一条长凳。在那里，树枝、木条被搭接起来，构成了一幢房子。将厚厚的积雪用于堆砌围墙与壁垒，甚至是一座堡垒，把小丘上面的石子筑成一座城堡……这一切均是按照少年期儿童的思想、精神特点，按照将事物统一起来加以掌控欲利用的思想建造的。瞧！那边的两个还不到 7 岁的小孩子，他们彼此友好地勾肩搭背，一团和气地商量着去取工具，准备在屋后的小丘上的灌木丛里建造一所带有长凳和桌子的小屋，从这个位置上，他们能够望见整个山谷的景色。孩子的这种统一而又以自己为中心的精神会把向他靠近的、适合他本质和需要的一切东西整合起来，为了共同的目标去积极探索，这样一来，每个人将构建起一个自己特有的世界。

处于少年期的孩子也必须有一个外界的，最好是由自己创造、选择的活动据点与协调之地。如果需要占据的空间够宽广，如果支配的领域足够大，如果整体结构较为复杂，那么，在这方面思想趋于一致的人便会友好而统一，他们会做出共同努力，意气相投，于是已经开始的工作会不断扩大，个人着手做的新的工作则会变为共同的工作。家长们，儿童教育者们，你们是否想看看这样一群符合以上描述特质的孩子的成果呢？请看这个教育场所吧，这是一个由 8 名 7—10 岁的男孩组成的团体。在这所具有多种用途的小屋当中的大桌子上，摆放着装有积木的箱子——积木的形状有助于搭建房屋，每边的长度相当于实际墙砖的六分之一，这是最华丽与形态极为多样的基础建筑材料，适合正在成长期的少年用于表现自己的创造力的手段。在这个小屋子里，也能看到沙子与木屑以及最近在美丽的松林当中散步时所采集到的大量苔藓。放学后，每个孩子各自开始了工作：那边有一座小教堂不起眼地坐落于屋角，十字架及祭坛代表着这座教堂的精神力量。这是一位幼小而文静的男孩的创造成果。在那里的一把椅子上，两个孩子已共同建造了一座很大的建筑——一幢多层大楼，似乎是一座宫殿，人住在这座宫殿当中，从椅子上看下去，犹如从山上看到山谷一样。那么，那里的另一个孩子静静地在桌子下面建造了什么呢？那是一座翠绿色的小山，一座古堡庄严地坐落于山顶之上。在那边的平地上，另一些孩子已经建造了一个村落。现在他们每一个人都已完成了自己的使命。每个孩子都在观察着自己与别人的作品。每个孩子都表达出了自己的思想与愿望：把个体的创造成果整合为一个整体，并且这种愿望一旦被众人理解，而上升为群体共同的愿望，便马上会共同努力，从村落到城堡、从城堡到宫殿、从宫殿到教堂都统一铺设好道路，或者，假如你们再次来到这里，你们看到的将会是这样的情形：几个孩子以黏土创造出山水景色，另一个孩子以厚纸板建造出一所门窗齐全的房屋，还有一个孩子正在用胡桃壳制造小船。现在每一个孩子都在欣赏着自己的作品，考虑着：这东西的确很好，但却孤孤单单的。他也在察看其他孩子的作品，想道：要是让每个人的作品连接起来就好了。于是房子马上像一座宫殿般矗立在风景区内的小山岗上，小船漂浮在人造的湖面上。其中最小的孩子还在兴高采烈地于山冈和湖泊间点缀牧童和小羊。一些比较年长的孩子甚至开凿了运河，引水过闸，铺设桥梁，开辟海港，修建堤坝，还添加了磨坊与水车。每个孩子只埋头专注于自己的工作，而无心去关注与顾及他人的工作。而如今应当根据水的特性，利用水的力量让船从其高处航行到低处。但是每前进一步就意味着必然侵入另一个孩子的领地，每个孩子都同样有资格作为主人与创造者，每个人可以提出自己的权利，同时也要承认别人的权利。那么有什么东西能够起到调停作用呢？只有条约，犹如国家之间的关系那样，通过严格的条约彼此联合，也彼此约束。谁能够否认这种孩子的游戏是有着多方面意义和多方面的收获呢？这些游戏是这些少年同一心意、同一精神的产物；进行这种游戏的是品行端正的学生，他们学习成绩好，理解能力强，具有深刻的洞察力与表现力，做事勤奋，进取心很强，有着出色的头脑和心灵，言谈举止都得体。进行这种游戏的孩子日后会成为目光敏锐、行事谨慎的精明强干之人。

在这一年龄段，尤为重要的是为了生产的目的，在自家的花园里栽种作物；因为孩子在这里首先能够看到果实如何通过劳动，以逻辑的必然性及规律性决定的有机方式生长出来，通过这种活动，通过儿童在大自然当中的生活及他对自然提出的各类疑问，他对于认识自然的渴望——这种渴望会促使他长时间、经常、反复地去观察自然及有意识地去关注草木和花朵——他将因此得到多方面的、充分的满足，而自然界似乎愿意满足孩子的这种欲望与活动，并赐以丰硕的果实为报答。要是没有条件让孩子有自己的小花园，那么至少应该让他有一些栽在花盆里的植物。花盆里不要栽种珍奇、难以栽培的植物，而应当具有容易栽种、花苞累累、叶子茂盛特征的一般植物。曾经养育与保护过外界生命（尽管是很低级的生命）的孩子，也将更加容易学会养育并保护自己的生命。并且，通过植物的栽培，孩子也会去注意甲虫、蝴蝶、鸟类等动物，这些渴望也将得到满足，因为这些动物喜欢接近植物。

但是这个年龄阶段的儿童游戏及相关活动并非都是尽善尽美的。更确切地说，很多游戏和活动其实是纯粹的体力练习与尝试。许多游戏的目的只是在显示力量。但是这个年龄的儿童的游戏总是带有其独特的，与儿童内心世界相适应的性质。如果说在幼儿期，游戏的目的只是在于活动本身，那么现阶段游戏的目的却始终是特定且有专门的目的，就是说，现在游戏的目的便是表现——表现事物本身。少年期儿童自由游戏的这种性质伴随着年龄的进一步增长而日益得以发展。甚至在关于儿童身体运动的所有游戏中，如奔跑、拳击、角力等，以及球类游戏、抓人游戏、模拟战争和狩猎内容的游戏等，都能显露出这一点。儿童在这些游戏中让人尤为欣慰的是，他身为个人及集体的一员，感觉到有一种肯定的及可靠的力量，并感觉到这种力量在不断增长。但是在这些游戏中得到充足滋养的绝不只是身体层面的，或者说肉体方面的力量，而且也有精神和道德的力量。实际上，如果要准确衡量身心两方面的力量增长优势究竟在哪一方，则很难说是在体力方面有优势。正义、节制、克己、诚实、忠诚、友爱及公正无私，这些由儿童的心灵及性情，还有坚定的意志开出的美丽花朵，还有勇敢、忍耐、坚定、慎重及消除怠惰放任的精神等品格或许也如外表不够艳丽但芳香持久的花朵，对孩子产生潜移默化的影响。不管是谁，如果想感受一下令人振奋的、富有新鲜生命气息的氛围，就可以参观这些孩子的游戏场所。在这里绽放着更加娇嫩芬芳的花朵，而勇敢、自由的孩子们对这些花朵格外爱惜，犹如一匹勇敢的骏马爱惜一个横卧在它奔驰的跑道上的人或孩子一样。这些娇嫩的、形如紫罗兰的花朵就是指对弱者、娇嫩者和幼小者的宽容、忍耐、爱惜和鼓励，就是对尚不熟悉游戏的孩子的谦让。但愿所有那些勉强允许在少年教育中给予少年游戏场所以一席之地的教育者对以上例子进行一番认真思考！确实孩子的有些话语是粗野的，他们的某些行为是鲁莽的，然而在悉心培养的力量显露之前，最初具有的力量和相关感觉是不可或缺的。孩子认识事物的内在意义的观察力与感觉是锐利、明确而透彻的，因此他对于在判断力和体力方面与自己对等的，或至少声称与自己同等的人的判断是极为敏锐的，甚至是严酷与粗暴的。

　　每一个村镇应当有一个专属的，供儿童利用的公共游戏场所。这对整个村镇的生活将会产生积极的作用，因为少年时期的儿童游戏，无论在什么地方，都具有很多的共同性，所以它将为社会培养共同的意识与情感，发展社会共同的法则及要求。孩子会尝试在其伙伴中观察自己，感受自己，衡量自己，通过他们去认知自己并发现自己。这样，这种游戏便直接地对生活产生了作用，培养了孩子的素养，激发并培育了许多公民的道德品质。

然而由于季节变迁的原因和环境因素，现实条件下是不会容许儿童每天在完成课业后始终在户外练习并发展自己的力量的，同时孩子也绝对不能因此而无所事事，因此在这一年龄阶段，各种室内的外部作业和表现，尤其是被称为机械作业的那类活动，如手工制作、厚纸板加工、模型制作等构成了少年期儿童生活与指导的基本部分，对儿童也是很重要的。

注重孩子身体与心灵间的协调发展

　　然而在人身上还有一种追求、渴望与心灵需求，这是任何其他教育形式都无法满足的：他要通过事物的现状去了解事物的过去。他希望知道其出生之前曾存在过的事物。他想知道现有事物的过去本源和起因，他甚至希望将过去遗留下来的东西本身、它存在的理由、它过去的那个时代特点都了解清楚。当孩子看到古老的城墙、古塔、废墟时，当他见到耸立在高山或路旁的古老纪念碑与圆柱时，是否曾在心里说出的那种希望别人告知他关于这些东西的过去、属于它们的时代特征和过往经历的明确渴望呢？因此这一年龄段的儿童便对童话、传说、历史故事有着迫切的欲望。这种迫切的欲望，尤其在这一年龄段初期是极为强烈的，以致当它不能及时得到满足时，儿童就会设法从其他渠道得到满足，尤其是空闲的时间以及在作业写完的时候。谁没看过一群这一年龄段的孩子团团围住一个善于讲故事的人，还有当讲述者满足了他们听故事的愿望，其语言与孩子的内心思想达到和谐一致时，他们是如何全神贯注地倾听的这种场景呢？

　　但是，即使在儿童目前的生活中，还有很多东西是这一阶段的孩子无法理解清楚的，但他却迫切希望弄懂这些事情。在大人看来默不作声的东西，孩子却希望它能说话。在大人看来没有生命的事物，孩子却希望它是活的并能活动。他希望别人能给予他这方面的解释。他希望别人将在他看来不出声的对象的无声语言转换成他听得见的语言。他希望听到通过词汇和语言清楚地解释他头脑中模糊地预感到的所有事物的内在的、生动的联系。但是别人也并不总是可以满足儿童的各种愿望，因此他就会产生对寓言、童话的渴望，这些寓言和童话将语言及理性赋予了不说话的事物，寓言是人与人的、人与尘世的现象限度之内的故事，后者则超出了这个范围。寓言和童话将帮助儿童获得巨大的乐趣，还使得儿童及其同伴进行交流和分享，对于这一时期的儿童来说是非常重要的。

凡是儿童在心灵深处模糊地有所预感的东西，凡是让他的内心充满欢乐与愉快、力量和青春感的东西，他都渴望用言语能够表达出来，但是他感到自己尚未拥有这种能力。他寻找着用于表达的恰当言语，当他在自己以外通过格言，尤其是通过诗歌来找寻到这种言语时，便感到由衷的高兴。这一年龄段的爽朗、快活的儿童不正是喜欢经常唱歌吗？他不是在唱歌中才真正感受到自己是拥有生命的吗？这不正是因为这种感觉才促使他越过溪谷，登上山头，在漫游中，从他的嘴唇和喉咙中流淌出的欢乐的歌声吗？

儿童有着希望了解自己的强烈愿望。所以我们可以看到他们总是在寻找清澈、纯净、新鲜、平静或流动着的水。他在游戏中总是去亲近水，因为在水中他能够看到自己，看到自己心灵的形象，并且他希望在水里并通过水，来认识自己的精神内核。溪流与湖水对于儿童的心灵，洁净的空气与清晰可见的远山对于儿童的心灵，就犹如游戏对于他一样——这是等待着他日后去进行的生活斗争的一面镜子。因此，为了增长自己将来生活斗争的力量，少年时期的儿童及未来的青年甚至在游戏当中寻找障碍、困难及斗争。儿童对认识过去的世界和认知自然的渴望，一次又一次地将儿童引向花圃和断垣残壁的崩塌殿堂。这种要把充满着他内心的东西表达出来的渴望，促使他不断歌唱。因此不必说，诸多外部现象，很多在儿童的行为和行动当中所展现出来的东西，都有一种内在的、精神层面的意义，即具有象征性的意义。假如父母们相信幼年期与少年儿童的这种象征性的东西，假如父母们从这一层关系去注意孩子的生活，那么，无论对父母或是子女，对他们的现在及将来，都会是极为有益的事情啊！这在父母和孩子间会建立起一条新的纽带，将有一根新的生命之线将他们的现在与将来的生活贯通起来。

这一年龄段的纯粹的儿童生活应该是这样。现在让我们从有关纯粹的少年期和幼年期儿童的内部与外部生活的描述出发，看一看在现实生活当中大量的现象，尽管只是展现部分的幼儿期和少年期的生活，让我们尤为关注一下幼年期与少年期儿童身为子女对父母的、对兄弟姊妹的、对家庭的关系中，进行活动与工作的那种学生及同伴的生活，那么我们不能不坦率地表示，有许多事实与之前说的完全不同，我们将会遭遇任性、固执、贪图安逸、不活泼和怠惰、欲望过多、高傲、武断、专横、缺乏友爱及孝顺、精神空虚、轻浮、厌恶做事甚至厌恶参与游戏、不听话，等等的情况。我们要寻找幼年期与少年期儿童生活当中这些及其他许多不可否认的不良现象的根源，这种情况下归根结底有两方面的原因。首先是纯粹的人的本质的各个层面的发展被完全忽视了；其次，人的本质的合乎规律的、必然的过程遭受任意的、不规则的干预而导致早期就出现了不正常的倾向，早期的发展阶段出现了错误的、不自然的倾向，人原本的良好力量、本质与追求遭到了扭曲。由于人的本质必定是善的，并且人自身有追求好的品质倾向。人绝非生来性恶，他也不是生来就有着追求坏与恶的品质的倾向，除非我们要将有限的、物质的、暂时的东西看作本来是恶的、坏的及错误的。

人作为尘世当中的一种现象，作为凡人，是注定会在精神与身体间出现一定程度的协调发展的，要在意识及理性之间取得平衡。在人本身存在坏的和恶的现象，只要他能够对其本质有着彻底而明确的认识，只要他完全或部分地拥有了这种认识之后，能够不被恶习与弱点消磨了力量和意志的话，那么，他就能通过本身的努力来克服这些缺点。所有这些缺点与不良的行为，其根源在于人的两个方面的关系都被搅乱了，这两个方面即其自然性，就是随着人的成长而逐步形成的东西及其本质，即人的内在实质。因此，人所具有的缺点的一切外在表现，归根结底，在于其善良的品行与良好的未来追求遭受了压制或扭曲，被误解或朝着错误的方向加以引导，因此，克服与消除所有的缺点、恶习及不良现象唯一的切实方法在于努力追寻及发现人天性当中的善良源泉，即人的本质（缺点产生的根源在于人的本质方面遭受压制、干扰或错误的引导），随后加以培养、保护并正确树立起来，并加以正确引导。于是，缺点最终被消除，尽管需要与个人习惯进行艰苦斗争，而与习惯进行斗争，与同本来的人身上的恶习进行斗争相比越发艰苦。这一切做得越快、越坚决就越好，因为人自身是倾向于克服缺点的，是倾向于走上正路而不愿去做坏事的。这里应当强调的一点是，不可否认，当前在幼儿及少年儿童的世界当中极为缺少真正天真无邪的、虔诚的意识，缺少彼此宽容、友好地忍耐的、真正的虔诚于美德意识，相反，自私自利、不友好，尤其是粗暴行为等却占据统治地位。原因极为简单而又单一，即因为不但没有从早期开始就在儿童身上唤醒共同的感情并在此后悉心培育，而相反的，从早期开始，在父母与孩子间的这种共同感情就遭到了破坏与干扰。因此，如果要让真正的友爱、天真无邪、充满信任与爱的虔诚之心降临，对同伴与他人的友好、宽容和尊敬就会重新占有优势，那么，唯有把当前在每一个人身上潜在的共同感情，无论多少，全部激发起来，并极为小心地进行培育。这样，我们也一定可以很快地重新占据我们当前在家庭、社会生活当中令人十分痛心地丧失的东西。

　　少年儿童的诸多错误的另外一个重要根源是性急、不注意举止、轻举妄动，总之就是缺乏理性思考。支配着这一时期孩子的一切意识与身体活动的，本身无害与无过的，甚至是值得称颂的行为，是为了满足某种特殊情况下的冲动的后果，对于孩子而言，他的生活经历中从未遇到过的，并在其脑海里还根本没产生过从事物的本身来对行动后果进行分析的念头。因此，一个绝非怀有恶意的孩子选择用磨细的石膏粉在他喜欢的伯父的假发大肆涂抹，从中获得了很多乐趣，而丝毫没有认为自己有什么不对，更没有去考虑这种石膏粉对于假发等的严重损害作用。另一个孩子在大水桶里见到一些大而圆的瓷碗。他偶然间发现，只要将这些碗重新捞起，然后朝着水面上跌落下来，便会在落水的瞬间发出悦耳的响声。这一现象使他非常兴奋。他一再尝试这样去做，认为碗在这样深的水里绝对不会破碎。他为不断提高试验的效果，将碗从越来越高的地方扔下。然而有一次碗是以完全水平的姿态落到水面上的，并且落下的高度非常高，巨大的冲击力导致碗碎成了两半。现在，这位自己探究的小物理学家站在给他带来诸多乐趣的游戏场所，因这一意外的结果而感到惊慌失措和困惑不解。当然，少年儿童在按照自身冲动行事时会在相当大的程度上带有难以置信的盲目性。另一个孩子长时间将石子朝邻家屋子的小窗上投掷，努力尝试击中它。但他既没有预感到，也没有注意到，假如石子真的按照他的愿望击中了窗户，窗子的玻璃必然被打碎。最后石子确实击中了，也成功了，孩子却茫然站在原地不知所措。一个绝无恶意的，相反还是一个十分善良的孩子，他本身是很喜爱并爱护鸽子的，却兴致勃勃地试图将弹弓射击的目标对准邻居屋顶上的美丽鸽子，而没有考虑鸽子被击中的后果，更没有考虑，这只鸽子也许是一群需要它照料的雏鸽的母亲。他发射了，美丽的鸽子殒命，美好的一对被拆散了，而刚长出绒毛的幼鸽则丧失了喂养它们的母亲，等等。使人，尤其是使少年期孩子变坏的绝大多数是别人，是成年人，甚至是教育者本身，这是一条极为深刻的真理，否认这一条，会给生活带来诸多恶果。他们是怎样使得孩子变坏的呢？从孩子这一方面来说，或许是由于无知，由于缺乏慎重考虑，或者也由于教育者进行了错误的判断和裁决，使得孩子产生了逆反心理。可惜在教育者之中也存在着这种不幸的人。他们总是将孩子看成是邪恶、诡计多端、阴险的魔鬼，而另一些教育者顶多把孩子认为是实施了过度的恶作剧与过于放纵生活乐趣的结果，这些失职的人，特别是教育者，才将一个即使不是完全无罪，却也天真无邪的孩子变为有罪的人，因为他们将孩子所不熟悉、没能真正理解的思想与行动准则强行灌输给他们。他们促使孩子做出了坏的举动，虽然这并非是他们的本意。他们从精神上扼杀孩子，剥夺其美好的天性，使得孩子认识到，他的生命并非是通过自己和从自身获得的，也不可能是自主产生的。

这种方法正如心地善良的孩子所采取的一样，他抱有坚定的信念将被他多次折磨之后变得十分虚弱，有些甚至断了脚的苍蝇或甲虫看作是已经被驯服了的生物。还有一些完全被冲动的内在精神支配着的孩子，尽管在表象上由于缺少观察和注意以及由于对外部生活缺乏认知而犯下的错误，使得他们有时令人讨厌，然而他们却拥有身为善良有为的人的内心深处的热切追求。然而遗憾的是这些孩子最终或许确实变坏了，这是由于人们不但没能理解其内心深处的优秀追求，甚至加以错误理解。但一旦在适当的时机，他们内心深处的追求被他人所重视，那么他们便一定会成为极为精明的人。幼年和少年期的孩子时常由于某种错误和过失而遭受父母、教育者或其他成年人的惩罚，正如这些成年人自己儿时从其长辈那里受过的惩罚一样。最为常见的惩罚方式，即通过言语进行惩罚，恰恰是在把孩子根本不清楚的那种错误的思想灌输给他。

正如之前已说明的那样，儿童在此时期所进行的一切行为都体现出占据其心灵的一种深刻的渴望与意向，一种深刻、充满人生意义的感觉。他的一切行动都具有共同的性质，因为他在寻求将万物都结合起来成为统一体，并在万物之中和万物的彼此关系中发现自我。一种自己无法说明的内心渴望驱使他去发现自然界的各类事物，去发现自然界当中隐藏着的动物、植物与花卉等。因为一种坚定的信念在告诉他，使内心的渴望得到满足的那些东西并不是暴露在外及存在于表象的，而应当并必须从隐避处与黑暗处将其发掘出来。这种渴望的培养却往往在儿童生命的早期就被耽误了，而且甚至当儿童通过自身努力来培养这种渴望的努力也被过早干扰。因为得到自然的引导的这个年龄阶段的孩子，不管他的力量如何微弱和缺乏自觉性，无论对自己心理的暗示如何缺乏认识，他所寻求的原本仅仅是将一切事物结合在一起的统一体，是必然而活生生的统一体。

所以我们要对步入学生时代的少年儿童自由活动的内部及外部生活进行一番观察。那么什么才是学校呢？

学校的作用与意义

　　学校是一种组织，它致力于让学生认识到事物与自身本质和内部特性，教他了解并使其意识到各类事物彼此间的内部关系、对人及学生的关系，还有对一切事物生命的本源和不言自明的统一体。教学的目的在于让学生获得有关一切事物扎根、存在的世界之间的见解，以便学生能够有朝一日按照此类见解去处理生活中的问题并进行各类活动。达到这一目的的手段及途径就是教学活动本身。因此，学校和教学应当将外部世界及作为外部世界的一部分并和外部世界保持密切关系的学生自身，作为其对立物，作为不同于自己的，他并不熟悉的另一类东西，呈现于学生面前。再则，学校还要为学生指出各种事物的内部属性、事物之间的关联，从而使学生的认知朝着越来越高的维度有着普遍性和思想层面的飞跃。因此，一个学生或是少年儿童，一旦进入了学校，便会超出单纯的对事物的外部观察，而进入对事物更高深层次的精神理解。儿童不再局限于对事物外部的、表面的观察，而进入对事物内部的深层次观察，因而也达到对事物认识、洞察与形成意识的观察，使得其脱出狭小的家庭秩序而进入更高的世界秩序，这就使他成为学生，而学校则成为真正意义上的教书育人型的学校。使学生获得大量或是少量而有多样性的，因而也只是停留在事物的表面现象的组织，称不上是真正的学校，而只有让一切事物变得富有生气，一切事物得以拥有活跃的行为与生命的气息，才是真正的学校应有的性质。所有对学校的领导、管理和组织等工作负有义务的人，对这一点都必须加以深刻考虑。因此，作为这样一所真正的学校，要以一种自身明确的意识作为前提，这种意识似乎飘浮在外部世界与学生二者之上和之间，将两者的本质统一于自身内，把二者的内涵包含在自身内，在二者之间起到媒介的作用，使二者达到语言的沟通与彼此理解。具有这种艺术能力的是教员（Meister），之所以称为教员，因为他至少应能够在面对大多数事物（das Mehreste）时，最大限度（das Meiste）地指出事物的统一性。[①] 他是一名学校教师（Schulmeister），是因为其任务在于向自己与他人指出并使其理解事物内在的、精神层面的本质。每一个学龄儿童也期望、相信并要求其教师做到这一点。这种期望与信赖是双方之间一条无形而强有力的纽带。我们过去的学校老师依靠儿童对自己的这种期望，这种天真无邪的信任，在唤起孩子们真正的内心需求方面对他们及在他们身上所起到的作用比今天的很多教师（Schullehrer）要大得多，而今天的学校教师让孩子们更多地认识和理解世间事物，却并没有向其指出事物之间必然的、精神层面的统一性，并在这种统一性当中把它们有机联系起来。

人们也许不清楚该如何来回答以下的几个问题：尽管有关学校的这种高尚的或最明晰的见解是真理，尽管有关学校的一种精神的、内在的理想的确存在，然而在事实上这一点是非常难以证明的，至少在某些场合下是可谓无法证明的，比如一个担任学校老师工作的裁缝[②] 正坐在

---

① "der Meister" 的词根 "Meist" 是 "多数" 的意思，福禄培尔又采用了文字游戏的方法，把 "Meister"（教师）与 "das Mehreste"（大多数）和 "das Meiste"（绝大多数）联系在一起，说明 "教师"（Meister）一词的含义。——译者注

② 在福禄培尔所生活的时代里，德国乡村学校的教师多数情况下都是委托从事其他工作的人兼职，这里说担任教师的是裁缝就属于这种情况。——译者注

其讲台上，犹如正坐在皇帝的御座上，孩子们在讲台下面正机械地朗读 a-be、ab 及他所教的所有内容；又如，冬季时一位老年伐木工正在阴暗的、被煤烟熏黑的小屋当中用像楔子钉进木头的声调将马丁·路德的教义问答手册灌输给孩子们。在此类场合下，一般而言也就谈不上什么精神鼓舞、精神本质以及精神生活了。但是又恰恰是在此种场合下，的确有希望将教育搞好，否则为什么世间会有盲人给有腿部残疾的人指路、身体发育不健全者会帮助身体虚弱的人站起来的事情呢？唯独因为有儿童的信赖及孩子的天真才会期待并相信其学校教师会将外部世界的绚丽多彩在精神层面上统一起来，赋予知识以生命力，赋予学校生活以意义，正因为他是学校的老师，所以孩子才会有这样的期待。这种期待，无论怎样模糊不清甚至是错乱的，只要有它在，学校教师就能通过它而发挥自己的作用。这种期待和信赖就是让万物获得活力的源泉，依靠这一源泉，自然界的各种知识都可以成为滋养头脑的食粮，或是滋养内心的食物。这种期待与憧憬，这种让万物获得活力的精神力量，尽管只是在被煤烟熏黑的房间当中回荡，也会让学童热爱其学校。真正的教育精神，不是通过外部的形态表现出来的，因此，就算有通风良好、设施齐全的教室，如果风吹掉了高尚的精神生活、优秀的教学精神的话，也谈不上是完善的教室。通风的、明亮的教室是值得所有教师与学生每天感激的。然而这种教室并非尽善尽美。马丁·路德说过："斋戒与身体方面的准备无疑是良好的外部条件，然而真正有着巨大价值的是有着信仰与信念的人们。"这句话在教育当中也是适用的。儿童上学时所具有的信仰与信念、期望与预感将使所有的教育目的得以达成，将在上述学校当中起到非常巨大的推动作用。因为儿童是带着这样一种纯粹而坚定的信仰、内心的期望与模糊的预感跨进校门的：这里将教给孩子那些在校外学不到的东西；在这里，你将获得滋养精神和气质的食粮，而在学校之外，你仅仅能获得滋养肉体的食物；这里将真正依照儿童的期望与预感提供给你精神食粮，让你无限满足；而在校外，你所得到的食粮，在你享用过后，总是依旧饥渴难耐。儿童带有这种信念，也会去倾听出自教师之口的平凡话语。即使这些话语并不具有高度的教育意义。如果说一位裁缝、伐木工或是织工，当其教导孩子时，对孩子而言他就不再是裁缝、伐木工或织工，而是名副其实的教师，那么在乡村或城市当中的教师，无论是风琴师、唱诗班领唱或是校长，无论是现在还是过去，都是名副其实的教师，这一点便更加理所当然。但也要问一问每一位正在上学的孩子，让他们扪心自问，他是带着怎样的感情走进学校大门的，更进一步说，他是带着怎样的感情走进教室的；对他而言，不管怎么说，他每天曾经或多或少地意识到似乎他进入了一个高尚的精神世界当中。我们不要将儿童在学校当中的某些放纵行为看作是与本书提到的情况自相矛盾的。正是由于学校的感化作用，由于内部精神力量的增强及学校教育目的的实现，也就是说，正是依靠学校的教导，儿童才能在没有感受到约束的情况下，比较自由地行动。真正的学生不应当感到抑郁，作风懒散，而应当朝气蓬勃，具有强健的精神及肉体。因而，真正愉快地遵照自己健康的生活方式，勇于作为的放纵学生几乎在任何时候都不会考虑由于他的行动，会给外部环境造成坏的后果。

如果我们相信在人的精神世界发挥作用的、振奋精神的、统一的力量随着年龄和所受训练的增加而增长，那是非常错误的。实际上是在精神世界内部起作用的、振奋精神的、统一的力量正逐渐消退，而膨胀的、对外产生作用的、创造的、造成多样化的力量正逐渐增长。可惜人对后者力量的感觉与意识很容易时常否定对以前存在的前者力量的认知与承认。这种情况及二者在本质上与现象上的混淆，导致我们在生活当中在学校管理与儿童教育方面经常出现较多失误，甚至让每一个儿童的生活丧失了真正的基础与立足之地。我们现在对于幼年时期与少年早期儿童的那种精神力量发挥的作用和力量不够信任与重视，因此，这种力量对处于少年时期末期的孩子的作用很微小，因为精神力量得不到实际应用就会逐渐自行消失。或者我们将在儿童身上出现的，在他们身上起作用的力量当作是儿戏。因此，这种力量对我们而言也犹如磁石，人越是不去使用它，不让其他东西靠近它，或胡乱而不顾客观规律地玩弄它，都会导致这种力量减弱或消失。当有朝一日真的需要磁石显示这种力量时，却已力量微弱，不堪一用了。对于儿童而言同样如此，当以后需要他们展现出某种身体与道德的力量时，却表现得极为虚弱与低能。为了正确评价与尊重幼儿及少年的此类内在活力，我们绝不能忘记我们的一位伟大的德国人所说的话：从婴儿时期到一个开始能说话的儿童，所获得的进步幅度要大于从学童到牛顿所取得的进步幅度。那就是说，如果在幼年期之后要取得的进步是比较大的，那么，这时的力量也必然是较大的，我们应当考虑到这一类事情。未来成年人的知识与见解的扩展、多样性、独特而具有一定的形态（即知识与见解的外延性）将掩盖与否定对早期那种人的力量的统一、结合与振奋作用（内包性）的看法。因此，唯有精神活动才会让学校成为真正的学校，使教室变为真正的教室，并非已经是个别化的东西本身的进一步分化（因为这个过程是漫无止境的），而是通过对存在于一切个别与多样性中的，起统一作用的精神的注重、观察与认知，来达到个别的与分化了的事物的统一。这就是让学校成为真正意义上的学校的关键所在。切记，教授与介绍多种多样的知识本身是无法使学校成为真正意义上的学校的，而只有让一切事物当中永恒地活灵活现地存在着的统一体显露出来才能真正做到这一点。然而，由于这一点现在时常被忘记与忽视，所以现在的学校教师有那么多，而真正能够做好教育工作的教师却那么少，有那么多的教学机构，而真正意义上的学校却非常稀少。

人们或许也不知道，或至少在过去没能，而且现在已然不能足够明确与肯定地描述出，在真正的学校当中究竟充斥着一种什么样的精神，究竟应以一种怎样的精神和气质使学校获得生气与活力。也许甚至是那些纯朴地忠实履行了自己天职的、真正的、忠实的学校教师也未曾系统地认知这种精神，因而这种精神也就很容易消失了，并且消失掉的速度越来越快。令人遗憾与痛心的是，在生活中时常遇到的那种事情，在这里也存在着：如果一个人不知道和不懂得他所拥有的东西，如果他无法明确意识到，并从而自觉地、自由地和自决地保持所占有的东西，并自觉、自由和根据自身的选择把它从自己身上展现出来，那么，就算是最为高贵、最为珍奇的恩赐，也会逐渐从他身上消失。儿童的期待、信仰固然可以为教育指明道路，然而人的意识、见解与自我决断将会确保教育者和孩子明确、持久地坚持这条道路，因为人注定是自觉的，注定是自由与根据自己的选择加以行动的。

学校到底是什么？学校应该是什么样的？要明确地阐释好这两个问题，必须进一步了解以下的真理，即：儿童身为一个人，不但要教给他学习的对象本身，而且还应教给他与该学习对象相关的各类知识。否则，教也好，学也好，都是毫无思想的游戏，它们对人的头脑与心灵、精神与情感不会产生任何作用。

学校真的是必要的吗？为什么学校与教学都是必不可少的？学校和教学的本质应是什么？它们应是怎样进行的？通过以上的描述，这些问题同时也得到了解答，或从以上所描述中，这些问题至少能够容易而清楚地得到解答。我们作为同时具有精神与肉体的生物，应当成为有思考的、自觉的、合乎理性（具有亲身感受）的人，因而要谨慎地行动。

学校应当教给孩子什么

　　学校应当传授哪些知识给孩子们呢？儿童作为学生，应当学习些什么知识呢？只有考虑人处于少年时期发展的性质及要求，才能很好地回答此类问题。而想要获得有关人的发展的性质及要求的知识，并非必须通过对少年时期儿童的表现进行观察不可。那么，通过对人的表现及表现的性质与方式进行观察，我们应当传授给儿童的是什么呢？

　　处于少年初期的人，其生活和表现首先显现在我们面前的是一个渗透着丰富精神内涵的、自我（das geistige Selbst）的、富有生命力的东西，它也显示了一种朦胧的预感：这种精神的自我决定、来源、依赖于一个崇高而至高无上的存在，这个存在究其本质也决定着所有事物的存在，一切事物都源于它，依赖它。少年儿童的生活和表现显示出对一种富有生命力的、充满生命气息的感觉及预感，通过这种气息，一切事物的生命得以延续，一切事物被这种气息无形当中紧紧包围，如同鱼被水、人及所有生物被清洁、纯净的空气所围绕一样。作为少年，将会带着预感、期望及信仰去逐渐熟悉整个外部世界。他相信在整个世界的内部与外部存在着一种与他身体内部相似的精神，这种精神与在渗透着他一样，正在渗透着整个世界，它在他身上驱使着一种内心当中的、不可抗拒的渴望，渴望意识到这种支配全部事物的精神并获得这种精神。这种渴望伴随着每一个新的春天与秋天的到来，伴随着每一个新的、清澄的早晨与宁静的夜晚的到来，伴随着每一个安宁的祭日的到来并周而复始地再现着。外部世界对少年时期的人而言是以双重意义展现出来的：或决定与产生于人的需求，即决定与产生于服从人的意志及命令的人自身的力量，或决定与产生于在自然界当中起作用的力量的需求。在具有形体的、物质的外部世界与心灵层面的、精神的内部世界当中出现了语言。语言原来是与二者作为一个统一而不分割的整体出现的，然后逐渐以一个独立的形态从二者当中分离出来，并且正是因为这样，使得外部世界及内部世界彼此联系起来。这样，心灵与外部世界，首先是与自然，及作为媒介物联结二者的语言，形成了少年期儿童生活当中的核心，正如很多典籍当中所指出的那样，这三者在整个人类发展成熟的过程中的第一阶段就已经是人类生活的核心了。

家庭与学校间的关系

孩子是在家庭环境当中长大的，在家庭环境当中逐渐成长为少年与学生。因此，学校必然要与家庭保持紧密联系。因此，家庭生活与学校生活保持一致，这是此阶段应引导我们达到人的发展与教育的首要、必不可缺的要求。

学校与家庭彼此结合的生活、这种活灵活现的教学与教育生活的各个方面，必然会从人的这一阶段的发展程度与开始学生生涯的少年的内部与外部需求当中产生如下几项任务：

（1）重视、认知与训练作为精神的载体及精神本质表现的媒介——肉体，同时有序地、逐步进行实现这类身体训练所需的练习。

（2）首先联系自己周边的事物，从近处的事物出发，对自然及外部世界进行观察与研究，以便获取关于自己周边环境的知识，然后再由近及远地逐步探索与认知。

（3）学会展现自然与生活内涵的短小诗歌，尤其学会展现那些可以赋予周边环境中的自然物以生命，使自己的家庭生活具有意义的，并将这类意义以纯洁、深刻的形式展现出来的短诗，并通过歌唱诗歌的方式去表达出来。

（4）从针对自然与外部世界的观察出发，并向着内部世界观察过渡的语言练习，始终要严格地着眼于表达于外的说话练习。

（5）按照从简单到复杂的事物认知顺序，逐步向前，按照规则与法则进行空间和形体的外部表现的认知练习。这类练习包括塑造，即造型手工活动，包括纸工、厚纸工、木工等，以及用尚未定形的，具有较强可塑性的材料，特别是软材料进行的加工塑造活动。

（6）在平面上通过勾勒线条对外部世界加以展现的练习。这是一种以人体纵向的中心线与胸部中间位置的横线为基准的垂直与水平方向上，按照固定的、外部可见并明显的关系进行的练习。以上这两种方向的线条多次交错，展现出网状结构，所以，这样的练习也就是按照外部的必然法则来描摹网状结构的图画练习。

（7）理解各类颜色的差异与相同点，还有它们在规定的外形当中的表现，在这一过程中应优先注意已经确定的表现形式，如在已经勾勒出轮廓的画上着色，或优先注意颜色及其相互关系，如在网状物及四角形上进行着色。

（8）游戏，以自由活动的方式进行各种表现和练习。

（9）联系日常发生的事情，来讲述历史故事、传说、寓言、童话等。

以上种种，全部分散在家庭及学校的生活与事务当中。处于这一年龄段的儿童，我们应督促他们分担一些轻微的家务劳动。他们在做这些事时，甚至可以安排其在手工业者和农民那里接受教导，这种教导，将不亚于从父母那里获得的教导。特别是对年龄稍长的儿童，父母及教师应时刻注意让他们学会通过自身实践及判断去独立处理事情，如派给他一定的任务，以便其在行动中进行自我检验并坚定自己的判断。尤其是对于年岁稍长的儿童来说是十分重要的，每天至少要用一小时或两小时的时间切实专注于处理某一项外部工作，专心于某一项以获取外部事物为目的的工作。这样的锻炼将会使得孩子产生对生活具有非常重大意义的结果，没有重视这一点也正是现在很多学校的缺陷所在。真正的教育与生活经验告诉我们，智力活动及贯穿于其中的外部的，主要是身体的作业，制造出作品及产品的活动，不仅能够加强身体锻炼，而且还能在很大程度上加强精神锻炼，加强精神活动的发展，使得精神在经过令人心旷神怡的劳作浴（Arbeitsbad）之后，能够以新的力量与新的活力去投入智力活动。

假如我们观察一下此前列举的关于整合家庭与学校生活的内容，那么，按照少年的所有要求可以归为三类。

①较为平静、安静的内部生活内容；

②比较能够接受外部事物的，在内部发挥作用的生活的内容；

③较为外向的、对外部进行塑造的生活的内容。

因此，这几类内容也能满足人的一般性需要。其次，我们应当注意到，这些内容、人的所有感觉、一切内部与外部的天赋及力量可以获得发展，得到锻炼及养成，从而，人及其生活当中的诸多关系的需求也就获得了满足。最后我们应当看到，所有这些内容的要求，它们看起来是多么的丰富多样而广泛，其通过简单组织的家庭及学校生活，通过学校与家庭结合的生活是容易获得满足的，因而这些要求也必然可以满足这一发展阶段当中人的各类要求。

现在让我们就这些内容逐一加以探讨。

有关身体的知识及其训练

　　精神与身体的培养没能达到协调或二者没能彼此相互促进的人，在一定时期与情况下根本无法知晓自己应当如何运用身体与四肢。假如学生事先没有对身体与四肢进行真正全面的训练及应用，并使之变为永久的财产，而只是受过一种让教师与学生感到受罪的机械式的训练，这种训练可以获得的成效是极为微小的，而且，不断发出"坐直""把手放正"的指令也会让教学丧失生命与效果。要想在生活与职业的所有情境中，与一切事情上始终保持强健活泼的身体，端庄的姿态和仪表，其原因只能是作为精神载体的身体此前得到了全面训练。如果我们为孩子提供一种从简单到复杂，对人的素质有着全面要求的，进行合乎客观规律的身体训练，即提供一种与精神训练彼此一致的，与精神训练紧密关联着的，受精神训练制约的身体训练，那么，我们可以肯定地说，就算是大量的所谓无礼行为、粗暴行为及其他不端行为，也会逐渐消失，尤其是身处少年期的孩子更是如此，而我们也不必时常说，也不会听见别人说"不可举止无礼""不要粗暴待人""要懂规矩"等诸如此类的训斥。因而，身体必须时刻按照精神所要求的那样，去服从于精神，犹如演奏者的手按照心的要求去演奏乐器一样。因此，没有身体的充分锻炼，教育也就无法达到使人完善与训练圆满的目的。因此，从这一角度来看，身体与精神一样必须历经真正的学校式的训练（当然，这并非是从孤立意义而言的）。并且，严格实行，从简单到复杂逐渐推进，与人的精神关联的身体训练应当是每所学校的正当的教学内容，因为这种身体训练可以带来真正的训育。真正的训育应当是引导儿童重视自己业已看到的、感觉到的人的价值，引导儿童在自己的一切行动当中严格、前后一致地重视由人的价值而产生的、具有人类本质性的最高尊严，让这种尊严在其所有行动中展现出来，闪耀出璀璨的光芒。这便是这一年龄段的儿童教育的既定而又积极的要素。而儿童与学生对人的本质及价值的观念与自觉越发生动与明确，由人的整个本质产生的需求在他面前表现得也更加明确、单纯、容易理解，也具有明显的必然性，教育者也越发必须认真、坚决地实现这些要求，甚至在有所必要时，可以为学生的幸福而不惜采用以训诫，进而采取处罚乃至严惩等手段。学龄前、少年期便是训育的适宜年龄阶段。唯有精神与身体的教养协调一致，真正的训育才有望实现。

此外，身体或者也可以说是精神在紧张的头脑活动之后也应有按照严格规定的、紧张的体力劳动，而这种遵照规定的体力活动反过来也会对精神起到较大影响。因此，唯有当体力活动及精神活动都处在有秩序的彼此联系当中时，才拥有了真正的生命力。

但身体的训练还有另外的重要方面，就是身体的训练能促使人，即少年，生动认识身体的内部结构，因为少年在此类场合下会尤其生动地感受到内部彼此作用的关系中的身体的各个部分。这种感受与只有几分适宜关于人的内部结构的图解结合起来，必然会在多方面促使儿童达到此前所说的那种对人体结构的认识、理解，及由这种认识与理解决定的对身体的重视及保护，至少会引起他们对身体的强烈兴趣。

学习诗歌的重要性与技巧

　　自然与生命是依靠其现象对幼年期的人类进行对话，只是它们的声音如此低沉，以致还没有发育成熟的儿童感官，还难以聆听生命与自然的声音，就算听到并感受到了，也不懂得如何加以说明，使其成为自己的语言，以自己的语言去进行表达。然而，当他最初感到与意识到自己身为不同于外界的事物后，在他身上也已然产生了理解外界，尤其是理解自然生命及语言方面的渴望，产生了可以在某一天将从外部一切方面向自身靠近的生命汲取到身体内部，并使其成为自身生命的一部分的预感。

　　岁月流逝，四季更迭。春天带给世界以细苞嫩芽及鲜花，以欢乐和生命力来充实人，甚至是身处儿童时代的人的心灵，使血液越发活跃地恣意奔流，心脏更加有力地跳动。秋天带着色彩斑斓的落叶及馥香，以希望与憧憬来充实人的内心，尤其是身处儿童时代的人的心灵。而严酷的，同时也是明朗、稳定而持久的冬天，最能激发勇气与力量，而这些勇气与力量、坚忍、克己的感情将使得儿童的心情与意识感到自由和愉快。所有的这一切，都是未来生命的预感，是静止的、还处于睡眠状态的内在生命力所展现于外的象形文字，一旦能够对其加以正确的认识、评价和理解，便可以引导人去理解生命的意义，因此人们不应失去它们，不应让它们化为烟雾。假如我们的幼年期与少年期如此空虚度日，以致没有朝气蓬勃及充满活力的日子，没有充满着憧憬和希望、预感和信仰情感，没有高尚的自我意识，那么我们的生命还有什么价值可言呢？我们必须承认，自己的幼年期与少年期还有当下这个时期，特别是少年期曾拥有的憧憬和希望、预感和信仰是我们在未来的生活历程中，以及为未来的生活汲取力量、勇气和坚毅精神的源泉，它是取之不尽用之不竭的。然而不但自然与生命与人在交流，人也愿意将由此而从自身当中激发起来的，然而找不出言语加以表达的预感与感受流露出来。这些用来表达其预感与感受的言语，如今就应当按照其心情与内部精神发展的需求来提供给他了。

人与人间的关系既不像某些人所错误认为的那样，是流于表面的，也不是犹如某些人坚信的那样，是容易在心灵层面彼此沟通的。不用说，这种关系包含有深刻含义与重大意义。仅就这种关系的和谐而言，就必须在儿童的心灵当中尽早进行培育，然而与其依靠牵强附会、直接要求的言语加以培养，毋宁采用犹如通过镜子反射的间接方式加以培育。直接要求的教育具有束缚、阻碍、压制的作用。它能够使得儿童驯服，使其成为提线木偶。间接鼓励的教育，例如并非用于道德教育的那些诗歌当中所反映的那样，会给儿童的心理与意志带来自由，而这种自由对儿童的这种心理与意志的发展及增强是非常有必要的。只是在这种场合下，儿童的外部生命与内在精神仍须保持一致与协调，这一点，自然是首要与必不或缺的要求。这一点，在生活当中越是可能表现得稀少与不明确，便越是应在可能的情况下予以培育。甚至通常几乎不去接触生活的教学，以及通常脱离生活的学校更应当进行此类培育。

让我们走进此时正在此种意义上与按照此种精神进行课堂教学的教室中去看看。

教室里聚集着 12 名以上 6—9 岁的活泼孩子。他们清楚自己今天将再一次在老师的指导下快乐地唱某些歌。

排列整齐的孩子们正在等待着教学活动的开始。

教师偶尔在下午时会因事不能到场。晚上时，他走到孩子跟前对他们反复地按如下曲调歌唱："晚上好！"

对他们唱的这首"晚上好"出乎意料地极为接近他们的生活，使得他们充满喜悦、愉快之情，大声地欢笑着。

随后，教师说："我能否得到你们的还礼呢？"并对他们再唱一遍："晚上好！"

大多数学生都以说话的方式回答："晚上好！"有的学生则回答："谢谢！"少数学生能够同样以唱歌的调子回答："晚上好！"

这时教师会专门对这部分歌唱的学生说："你们也对我唱一支'晚上好'的歌吧！"于是，学生便轻声用如下调子歌唱起来：

（第一个学生）（第二个学生戏谑地歌唱）（第三个学生）

老师要求另一些学生以同样的方式去演唱，他们以与教师完全相同的或是近似的调子歌唱着"晚上好"。

教师："（第一个学生）已对我唱完'晚上好'了，如今请你们共同对我唱。"于是学生们便遵照着第一个学生的方式一起唱起来。

教师："（第二个学生）已经对我唱完'晚上好'了，现在也请大家一起对着我唱。"于是他们又遵照第二个学生的方式一起唱起来。

教师此时又以叙事式的方式继续唱道：

（野外既荒凉又寒冷）

"是这样吗？"他问道。"好吧，现在让我们齐唱。"

（教师与学生一起重复前面的歌。）

教师继续以叙事的方式唱道：

（风在树林中呼啸）

"这也是确实如此吗？好，我们也齐唱吧。"

现在他们共同演唱这支歌的全部内容。

现在由对这支歌有着真正较深感受，且能对此重新加以表述的学生单独来唱这支歌。

教师就这样抓住由一年四季的季节印象带来的感觉，并通过自然现象的描述，将这种感觉表现出来，通过唱歌与对唱的方法将教学活动继续进行下去。

通过此类教学，耳朵与声音应同时得到发展，通过言语与声音表达出来的感觉，应当变得敏锐了。如果外界的事情在今天与昨天都比较相似，那么，今天的教学活动也与昨天一样开始并延续下去。这样，孩子们多次重复唱同一支歌，其中一位孩子快乐地说："我们可不可以立即再唱一支有关阳光的歌？"这个问题自然表明孩子们在经历了长时间连续不断的雨、雾、风的感受之后，重新渴盼遇到一个晴朗日子的衷心期望。教师对儿童的这种感情做出了回应并唱道：

（灿烂明朗的阳光啊，快快回来吧！）

孩子们也共同欢快地跟随老师这样歌唱起来。

此处所介绍的教学过程，起初的课程是特意安排的，因为此类课的内容绝不是孩子们喜爱的。荒凉、阴郁的秋天，潮湿、寒冷的夜晚无法激发他们的精神，而早晨、春天、春天的散步、山坡上的休息等活动更适宜唤起孩子内部的精神力量。然而由于孩子们在起初体验到了那种阴郁的情景，而如今更加强烈地憧憬着美好风光的儿童，必然会更加兴高采烈地迎接那在绒毯般皑皑白雪覆盖下的原野上，阳光乍现的第一个晴天与第一个明亮的月夜星空的到来，并且必然会更加热烈和发自内心地感激新春的到来而歌唱：

看，多晴朗的天空！

叶子、花朵与杂草

点缀着田野与森林。

或：

欢迎你，回春的原野！

欢迎你，蔚蓝的天空！

欢迎你，鲜花满布的河谷与草地！

我们欢呼，春天已然到来！

这类汇聚了诗歌、短歌与短诗的表现形式，具有实用价值的集子在世上并不罕见。一个醉心自己事业，充满事业心的教师可以从中汲取很多对自己有用的知识。这些书都是众所周知的，对于那些渴望了解其内容的人而言是更为熟悉的。如果这些书里的诗歌描写与表达不够简短，特别是个别感受与印象的描写及表达不够简短，那么一个专心并善于思考的教师是容易将儿童瞬间的感受与感情，还有关于自然的印象转变成活灵活现的描写词语的。

在这些描写的词语当中，也不乏有关幼儿及儿童生活的表现的，如：

我们是孩子，欢快地奔跑跳跃，

犹如森林当中的小鹿；

但我们也需要认真学习，

因为孩子们也会逐渐变老。

也有展现一人或多人的特殊生活的诗歌，如：

可爱的小鸽子，你带给我以欢乐；

吃的在我手中，快快飞来享受。

表现动物生活的诗歌，如：

你希望聆听一支美妙的短歌吗？

那就去聆听蜜蜂歌唱吧。

它可以出色地唱给你听，

每个人都热爱勤奋与艺术。

特别是表现人与人之间关系的，如：

假如我是小鸟，

并且也有翅膀，

我将飞到你的身边。

母亲啊，我的母亲！

请别再逗留在远方。

或是：

知心的快乐弟兄们，

和蔼亲切的姐妹们，

在这个相亲相爱的社交圈里，

我哼着快乐的歌儿，

学着和睦相处。

或是：

如果兄弟姐妹能和睦相处，

是多么可爱，

又是多么美好！

假如他们手挽手共同走过美丽的土地，

同样可爱，

同样美好；

假如我们看到他们一起漫步，

美而又美，

好上加好。

然而在这种教学过程当中，我们不应当忘记，如果因为它表现儿童在自身的生活中的特点而称其为教学的话，那么它必须犹如树上的蓓蕾和幼芽那样，从学生自己的生活当中自然产生。儿童在接受言语与声调的训练之前，应当先有感觉与内在的精神。我这里所说的教学过程和人们通常实施的教学过程间的根本区别就在这一点上，后者仅从外部将短诗短歌教给幼儿和儿童，因此，这些短诗与短歌不能唤起生命，也无法表现生命。

学习空间表现的方法

　　人逐渐发展与形成直至实现自身的使命与天职，不但需要从早期开始接受教育，甚至从孩童时代起，从外界接受与吸收诸多知识，而且，假如从程度上予以衡量，更多的是通过自身所发挥及表现出来的特质，以及发展与形成的术语本身所展现出来的东西。经验与历史也向我们证明，为真正的人类幸福做出过切实与感人贡献的人之所以有所成就，他们依靠的事物，从自身当中展现出来的要远多于从外界吸取的东西。因为众所周知，我们在忠实地教给别人知识的同时，我们自身的知识水平与洞察力也得到了增强；同样的，众所周知，自然本身也在教导每一个人，力的使用不但能唤起力的作用，而且也能加强与增进力的作用。并且，在生活与行动当中接受并理解各类事物，相比于单纯依靠言语与概念来吸收和理解事物，对于人能力的发展、形成与增强更为实用、效果更佳；同样的，在实际生活当中，即在行为与行动当中，与思考、思想与言语相结合加以塑造，相比通过抽象的概念与言语的表现（尽管这同样是一种表现形式），对于人的发展与进步而言有效得多。少年儿童的生命活动的核心目的，原本只是为了向外部世界表现自己。实际上其生命原本只是向自身之外的世界表现他的内在，表现他的力量，尤其是在物质中并通过物质来展现其内在，表现他的力量。在由他所塑造的事物中，他所看到的并非是要求与应当渗透到其内部的外部形态，而看到的是在其中展现出来的、要求表现与应当表现出来的精神及其规律与活动特点，尤其是授课与教学的使命为：与其说是将知识注入心灵深处，毋宁说是将更多的知识与认知从人心灵的内部引发出来，因为能够进入心灵内部的事物，我们已经知道，并已成为人类的财富，并且每个人，只是因为他们是人类，必将按照人性的法则从自身当中铺陈与发展起来。但是，那些有待于从人性深处展现出来的事物，那些将使并应使人性得以发展的事物，我们还不清楚，究竟是否为人类的财富，但尽管如此，人性是永恒地从自身当中发展出来的事物。尽管这一点从对生活的观察当中，从对自身与他人生活的观察中，可能并应当表现得比较明确，假如我们以正确的态度来对待自身，明晰地观察并把握生活的原因，那么，即便是我们当中的优异者，也会受到从外界偏见的蒙蔽，以致我们需要付出艰辛的努力与自我克制才可能倾听到正确的意见，而且即便如此，也仅能在极为微小的程度上倾听到正确的意见。我们至少要承认，假如我们确信自己有着较深刻的洞察力，并对孩子抱有良好的，甚至是最美好的愿望，如果我们谈论孩子的未来发展，那么实际上我们在谈论强制接受和灌输我们的影响给孩子，而根本不是试图发展孩子的意志与愿望的精神发展，并陶冶其情操，我们说的只是打上某种印记或是塑造出某种形状，尽管我们都骄傲地坚信自己早已脱离了这种扼杀精神的行为与思想。因此，由于我们因为种种原因而无法承担对子女的教育工作，受我们的委托来教育孩子的人，我们当然也对他们能否正确引导孩子而感到担心。

人要从给予具有形体的事物以改造开始，使自己的精神通过客观事物在外部得到展现。这一发展过程也清晰地表现在人类自身的发展过程中：人的精神的外在表现赖以发展和进步的那些实体性质的事物，必然包含着内在发展的法则及条件本身，并要求将这些法则与条件展现出来。这些事物是矩形的、立方体的、方柱体等形态的事物。由这些材料所决定的形成方式有两类，一类是在外部积累的，即建设的方式，另一种则是在内部发生的，即形成的方式。建设的、积累的事物正如在人类发展过程中及自然界中的结晶体中最先所表现的那样，在儿童当中也是最先得以展现的事物。垂直的、水平的及直角的事物的重要性，是在自身以外以建造的方式展现出来的儿童所取得的最初经验；平衡及均齐是其次。这样，他从建造不粘合的和粘合起来的非常简单的墙壁，到建造较复杂的建筑物，再逐步上升到发明每一种借助外界材料建造的完整建筑。在一个平面上进行平板式的彼此拼合（本来只是并排在一起的），对于儿童而言，远不如让物体彼此重叠更具吸引力。这是人在童年时代就已在其活动中展现出来的精神更加倾向于全面发展的证据。线条的组合看起来表现得更晚。因此，人的发展过程及教育过程是逐步摆脱实体的，使物体更具抽象性与复杂化创造的过程。图画取代了实体的线与线、立体图形之间的联系，绘画与色彩逐渐替代了实体物件，由立方体的基本形式发展而来的物体取代物体的积累，也就是说，展现出了真正的形成、造型和塑造的过程。

尽管自然经常表现出来人的一般性的陶冶过程是任何人的眼睛都可以看到的，是一个活灵活现向前发展的，不断从对外部的事物的认知，向内部的精神层面进步的过程，但我们仍然要提出这样的疑问：这些练习对我们的孩子究竟有何意义？并且尽管如此，在我们本身忍受着他人在这方面所采取的对抗性活动与努力的情况下，引导我们走上这条道路，我们大家或许还不会站在如今的立场上。人应当至少在自己的意识当中反复想到人类的事业，以便这些事业对他而言不至于成为毫无生命价值的堆积物，不会成为空虚而死气沉沉的东西，以便他对于这些事业的判断不会是流于表面的、没有精神的。同样的，他应当在内心深处经历一次人类业已经历的道路，以便他能够理解人类与自己。尽管如此，关于我们在此处所谈及的少年儿童的各类活动，即从精神与法则出发，为有意识的目的来确定儿童的活动，我们可能会说，人是不需要进行这种活动的，我的孩子不必参加这样的活动。或许有一点的确是不可知的，是否必要，这是我不清楚的，但是我清楚的是，活力、活动、判断、坚毅、思考等对他的孩子是绝对必要的。这一切都是他必须去学习的，必须更多地获取的，因为懒散、怠惰、无知、过多的顾虑，对儿童而言是非常可怕的毒害，而相反的一面则是使得精神与肉体健康，家庭与公民获得幸福的灵药。

在这里，教学过程也由自身决定，正如我们通常在找到真正的出发点，透彻地了解了教学对象、把握好教学目的的情况下所做的那样。

用来进行组装练习的比较理想的材料是一套木块，其两底边面积为 1 平方英寸、长为 1—12 英寸，并逐英寸递增的一套木块。现在我们假如从每种长度的木块当中取出 12 块，那么，两种不同的长度，如 1 与 11 英寸，2 与 10 英寸等，始终能够构成一个底边长为 1 英尺，厚度为 1 英寸的一个立方体，所有的木块与若干较大的木块拼接在一起，能够形成一个大于 0.5 立方英尺的层。这些木块最好能够被保存在一个内部空间恰好与之等大的箱子里。这样的一个积木箱，通常还能够在各类教学活动中得到多方面的应用，应用方式可伴随儿童的逐渐发展而有所变化。另一种材料则是缩小了的砖头形木块，8 块放到一起是缩小了的 1 立方英尺，即实际长度单位为 2 英寸，而被假定长度为 1 英尺。前面确定的组装材料，不同种类、不同长度的木块在数量方面是均等的，这里则不同于以往，数量最多的是砖头形的木块，至少有 500 块。此外，2—6 倍长的木块比较稀少，0.5 倍长的木块同样是较少的。木块还要以同样的方式被区分为 1 倍、2 倍、3 倍等长度的几类。

需要注意的第一点是要让儿童学会将各类组装材料按照大小进行区分，给予各种名称并加以分类，并在组装的过程中始终保持严格的区别并按大小顺序加以编排。要注意的第二点是，出现的、建造好了的东西，每次都要与言语的表达结合起来，并要进行高声朗读，例如："我建造了一堵能够重叠堆积而成的、垂直于地面的、两头同样垂直的、敞开的一个门户，两侧各以同等的比例开着窗户的墙。"从墙开始，最早建造起一幢只能开一扇门户的直角四边形的简易房屋，然后建造一幢在体积、门窗的数量上都得到扩大的房屋，最后则建造一个带有隔墙的，房间按照区域划分的，从单层到双层逐步增加的房屋，以此类推。

板块组合的活动与此类似，然而在某些关系方面显得更加复杂。

用至少 0.5 至 5 英寸长的小木棒造型允许在应用方面有更好的多样性，包括摆出字母形状、描绘图案、建造建筑等。

任何一种用纸张与厚纸板建造的模型都有其独特的塑造范围与发展顺序。

应用具有可塑性的软材料，并按照立方体的形体本身的发展法则进行塑造，与以上的活动相比，是更深一层的造型，是进一步发展的活动，也是只适用于精神力量的发展已达到一定水准的儿童的活动。然而这种活动，正如应用同样的材料加以自由的造型与塑造一样，在更大的程度上属于紧接在此年龄阶段后的更高年龄层面上的少年期儿童的活动。

如何让孩子理解颜色

　　明确理解颜色及其关系，能够清晰意识并理解这一点，特别是为了达成这一目的而去研究彩色的物质与颜料，这是儿童必经的教育历程，尤其是处于少年初期的孩子必须接受的教育，这一道理是每个教育工作者的共识。将颜色应用于日常生活，并利用颜色进行创造，尽管在不同的人身上所展现的程度不一，却完全都是在少年时代早期的特征。难道还能有其他情况吗？儿童所进行的一切活动已经要求运用颜色，首先他要通过认识和利用每一个个别事物及其形状来发展其力量、素质与能力，即他所能感觉到的生命的整体，并加以练习、运用。此外，一切颜色都是由光的散射所决定的，颜色与光有着最紧密的联系。而且颜色与光都是与生命的活动、进化有着最密切的联系。儿童有意识或无意识地预料到颜色的深刻含义（这种含义与从另一侧面观察到的自然中的形状的意义是相同的），这是光的本质的显而易见的表现。通过颜色洞察地表的光的本质、阳光的本质，是少年时代如此喜欢对颜色进行探究的少年本身所没能意识到的最根本的动机。

　　吸引孩子注意力并为他们带来喜悦的绝不是外部世界的丰富颜色，否则儿童只要拥有这些多彩颜色的物体便会满足。然而仅有丰富的颜色，恰如说丰富的事物对于儿童的关系一样，绝对不会让他们满足，而能让他们获得满足的是内部关系的展现和发现，是让多彩的颜色变得富有灵性的力量。否则，儿童只要身处丰富的事物之间便会满足，而我们也不会经常听见有人对那些不感到满足的孩子说："你倒是说说，你究竟还想要什么，你已经有了这么多东西了，而你却依旧没有安宁下来。"儿童正在寻求生命的统一、外在表现以及与世界万物的联系，总之在寻求生命。因此多彩的颜色才能够吸引孩子，以便其在多样的事物当中达成认识统一，认识事物的内在关系。因而孩子喜欢将各种事物组合起来，将其统一在相同的颜色下，以获取内部统一的认识。尽管少年的这种冲动意义重大，然而我们是如何来看待与处理这种冲动的呢？我们是将这种冲动的发展，将对颜色的理解及应用，发展为处理一种偶然的事件。我们不加区分地将颜料与画笔和某些其他物品共同交给孩子们，恰似偶然间甚至也出于善意为动物提供食物。但是他们如果像对待其他玩具一般，将这些东西随手丢弃，恰似动物将不合胃口的事物抛弃一样。否则，他们应当怎么去做呢？他们自己不懂得赋予这些东西以生命与统一，而我们又无法帮助他们去做到这一点。

由于形状与颜色对儿童而言首先还是作为不可分割的整体出现的，然而也是相辅相成地展现出来的，从而被人们所认识与理解，因而为了通过教学训练并观察事物，来让孩子们能够精准地理解色彩，必须对如下三方面进行考察：一、形状应简单与确定，应完全适合它所对应的东西；二、颜色应尽量纯粹与清晰，并尽可能与常见事物的颜色，尤其是与自然界存在的事物的颜色接近或一致；三、各种颜色应符合类似事物在自然当中的关联，能够在融合的统一关系中加以理解。颜色本身须按照给予人们的印象而加以明确理解，而且，它也必须能够明确地通过言语表达。首先是学习纯粹的颜色，如红、绿等，然后根据这些颜色内部的强度对其加以区分，如暗、浓、明、亮等。其次是对个别颜色按其种类或是混合的方式进行研究，后者采用两种不同的方式，一方面拿颜色与事物进行比较，如玫瑰红、硫黄色、天蓝色等；另一方面则是将不同的颜色之间进行比较，如青红色、黄绿色等；或近似的颜色：如带一点绿色的黄色、带一点蓝色的红色等。由事物推导而来的颜色名称，必须尽量通过事物本身进行观察，如紫罗兰色的事物。

同样的，在使用彩色材料的情境下，一次只给孩子提供为数不多的几种颜色，但这些颜色的性质应尽量是确定无疑的。中间色应在此后有机会时让学生自己使用原色调制出来。教学本身很容易与儿童的日常生活彼此结合。这种机会在儿童的日常生活活动中是极为常见的。每一个群体都有着独特的生活活动，并且他们应当有这类生活内容。如果正确抓住了这些机会，教学内容就会渗透到孩子的生活中去，成为孩子知识与生活感悟的一部分。

现在我想将过去曾见到的与如今正看到的一切都写下来。境遇越是有利，事情的开端也越符合理想。境遇是无法造就的，然而能够加以利用。适合接受这类教学活动的大约12名这一年龄段的儿童围绕在老师的周围，犹如羊群围绕着放牧者。犹如牧羊人将羊群带到丰美的草地上一样，教师引导孩子去进行愉快的活动，因为此时已经是星期三的下午了，日常的课业已然结束，今天又没有其他教学活动。时值秋天，绘画的兴致已多次在这个快乐的集体中的每个孩子身上洋溢出来，因为或许秋天最能激起孩子们绘画和进行色彩展现的兴致，因为晚秋时节里，大自然里的颜色是非常多变的。每一个孩子已试图用自己独特的方式与途径去满足自身的这种欲望。

"来，我们一起画画吧，"教师说。"你们尽管已经画过多次，并且也画过很多，然而绘画本身还有你们所画出的东西，并不总是可以让你们满足，因为你们画得还不清晰，并不纯正与明确。来吧，让我们一起来看看，我们能否一起画得更好。但是我们画些什么对我们来说还不是太难的东西呢？因为我们首先是想学习，所以要画的东西必然是简单的，并且最好是单一颜色的。"

学生们很快就发现，树叶、花朵、果实是最好画的东西。

于是，孩子选择了树叶，因为丰富多彩而美丽的、染满了红、黄、褐等颜色的树木，还有在美好秋日当中带着细微的沙沙声从树枝飘落的、犹如彩色地毯般落满树木周围土地的那些五彩斑斓的树叶，吸引了孩子的注意力，以致他们怀着喜悦的心情将这些叶子编织成花束与花环带回家。

"这里有着树叶的轮廓画，"这是教师为这一教学目的而专门搜集起来的。"请看看这些！你们将怎样绘制这些树叶呢？"

学生："绿、红、黄、褐色。"

教师："你们将挑出哪些叶子来画成绿色、红色或是褐色呢？"

"为什么是这些叶子要画成黄色，而这些要画成红色呢？"教师这时将准备得最恰当的、涂在四方形小玻璃板上的水彩颜料分发给学生。给学生的颜料最初也可以按适当的稀释度装到颜料缸里。

最初的练习要求孩子们正确理解颜色，并正确地称呼颜色。然而这时不可以要求孩子给树叶配上严格对应的颜色，而只要求配上尽可能与实物较为接近的颜色，这一点几乎是不言而喻的，因为这里并不要求孩子能够同时解决表现实物与理解颜色、使用颜料的问题。颜色的平均分配并不能超出轮廓线的范围，是眼下还需要注意的事情。保持正确的姿势，以达到臂、手与手指的自由活动，这也是不言自明的道理。

由于每种颜料都有着独特的使用方法，因此直到学生在一定程度上业已掌握某种颜料之前，不要急于从一种颜料转换到另一种颜料上。

画树叶再进一步就是画花朵。选择的花朵应当是大的，最好是单瓣花冠及拥有一种或几种规定的并受严格限定的颜色，如蓝色的风铃草、黄色的樱草、黄水仙等，也可选择复瓣的花朵，并让学生从不同角度来绘制这些花。

然后再从单色的花或物体过渡到有着两种颜色的花或物体，但始终采用明确区分的颜色，例如旋花类、黄花樱草、燕麦花、豌豆花等。

随后逐渐过渡到三色花。

尽可能准确地理解并展现颜色，并以明确的语言来表述颜色，这是必须始终坚持的教学意图，让孩子尽量非常肯定地说出各种颜色，尽可能明确地了解颜色之间的外部关系。

待孩子对颜色已经有了较为明确的认识后，再从较小的空间扩展到较大的空间，并在逐步增大的、始终不间断地延伸的，或是有间断的平面上，以均匀的浓度，限定在边线范围之内的地方进行色彩表现。首先在网的一个方格的平面上展现一种颜色，然后是在两个方格乃至五个方格；可以连续地进行，即一个方格的边框与另一个方格的边框接触；也可以间断地进行，即一方格之角与另一方格之角有所接触。

通过这种练习，学生将会对每种颜色的特征，随后是每种颜色的使用方式获得明确的认识。

这种练习最初应当从纯红、纯蓝、纯黄开始。接下来是关于纯中间色的练习，即关于纯绿、纯金黄与纯紫罗兰色的练习。

为什么每个系列的颜色都是从练习红与绿开始呢？过往的经验告诉我们，这两种颜色与儿童的关联最为紧密，并作为各系列练习的开端也最符合儿童的兴趣。

到目前为止，都是在持续、不断的或是彼此交错排列的、有间断的平面上只就一种颜色加以练习，现在要以同样的方式对两种、三种，乃至此前提及的六种颜色彼此结合进行练习，而且是按两种关系来加以结合的，或者以最后形成的五个网格面的长边同时成为各种颜色共同的

接触面，或者是落在对角线上的各网格的各自的边成为不同颜色的接
触面。

此时，从蓝色到绿色，到黄色，到金黄色，到红色，到紫罗兰色的
排列与顺序是最适宜的，并在最大程度上能够显示与自然的一致性，因
此在练习中这种方法是必须加以坚持的。

这一发展阶段到后期展现出来的现象是四种颜色的彼此组合，正如
在网格面上进行画线练习里的两种线条组合相似。这四种颜色的组合是
按照由事实产生的同一条法则表现出来的，并在关系着一切的中心的制
约下，朝着通过网格构成的一切方向将颜色的系列展现在旁观者面前。

该四种颜色的组合首先显示出两方面的根本差异：

同样颜色的各种正方形彩色面彼此连续地在一条长边上结合在一
起，即以垂直及水平方向彼此区划开来，或者，种种彩色面彼此间断
开；同样颜色的正方形仅仅在网格的对角线方向上，与正方形的角的顶
点彼此接合，不同颜色的彼此间断的面同样在这样的对角线方向上彼此
接合，即在对角方向上彼此接合。

这两种颜色组合当中的每一种，与线条组合完全一致，又分成两类
不同的组合。其中之一与一个可见的中心产生关系，可以说是从这个中
心出发的；其中之二与一个看不见的中心产生关系，它包含与包围着这
个中心。

这一阶段的教学活动以这四种颜色组合的表现作为终结。根据教程
及事实所展现的法则独立而自由地发现各种颜色组合（完全犹如发现网
格面上的图形那样），进一步理解颜色的强度与浓度，借助正方形来理
解与摹写自然形态。

游戏引导孩子自我展现

　　这一年龄段的少年游戏，即自发活动有如下三种，即：它们或是生命的模仿与实际生活当中各种现象的模仿，或者是学校当中学到的东西与学校教学的自发运用，或是各种精神借助各类材料来实现的完全自发的产物与外在表现。

　　而在第三种情况下，或是遵循在游戏对象当中与游戏材料本身当中存在的法则，并寻求、服从、追随、顺应这些法则；或是遵循人自身、思想与感受中存在的法则。然而不管在哪种情况下，这一年龄段的游戏，应当是纯粹的生命力的展现，纯粹生活勇气的展现。它是少年身上富有生机地活动着的丰富生命与生活乐趣的产物。所以此时期的游戏是以内部生命的活力、旺盛的生命力及实际的外部生活作为前提的。假如缺少了这些，或者此前曾缺少过这些，那么在这时就可以重新激发、接近和提高生命的游戏。这一道理，印证了一位青年所表达的思想。他在少年时代曾时常参加这样一些如芽苞和小枝成功萌发的少年游戏。有些处在适合进行这种游戏的年龄的少年，他们在这些方面的生活缺乏生气，即其生活激情没能被激发出来，或者说他们已经变得完全迟钝了，他们总是死气沉沉的，将自己束缚住了，他们懒散、无所事事。对于这些儿童，这位青年说："我不知道这些孩子为何不去参加游戏。我们在这一年龄段时曾玩得多起劲啊！"

　　由此可以清楚地看出，这一年龄段的游戏也需要有人加以特别指导，儿童要能适应这种游戏，也需要加以培养，我们必须让儿童的家庭生活、学校生活、其他外部生活的体验变得丰富起来，即儿童的生活必须为获取欢乐而必然犹如鲜花般从丰满的花蕾内部当中绽放。欢乐是一切少年活动的核心与灵魂。

　　游戏本身应当是也可以是身体层面的游戏、感官层面的游戏或是精神层面的游戏。身体层面的游戏或是作为力量与灵活性的练习，或者也能只是内在的生活勇气及乐趣的表达。感官层面的游戏有听觉练习，如捉迷藏等，有视觉练习，如射击游戏、色彩游戏等。精神层面的游戏有棋类游戏等需要思考与判断力的游戏。这些游戏，尽管时常并不符合游戏的真实目的与精神，还有儿童自身的需要，然而却已有人从各个层面对其加以分类观察，并为人们所理解及应用。

讲故事锻炼口才

　　联系日常的及生活当中的各类事情进行故事、传说、寓言及童话的讲述。

　　存在于自己心中的生命的感觉与感情，自己的思想和意识及欲望，几乎都是无意识的，几乎只是在自己的内心当中作为一种冲动而展现在外在的东西，这是自己最直接的感觉，是此年龄阶段儿童的最高及最重要的，也是通常人们最重要的感觉，因为人只能在理解自身及其力量，还有自己生命的程度上去理解其他事物、他人的生命及力量的作用。但是某一事物与其自身比较，绝不可能使对该事物的认识与理解全面而深入。因而在自己的生命，包括内部生命的各种现象、思想、感情、感觉等，与自身进行比较，也不可能导致对自身生命的本质、原因与结果，对其意义等的认知与理解。为使自己能够清楚地了解这些，便要求与自身之外的其他事物与他人进行比较。并且无疑是众所周知的，与有一定距离的事物相比较，尤其是与距离太近的事物进行比较，前者更加有效。因此，对其他的或自身所不熟悉的生命加以观察，提供了对感知自己生命的这样一种比较的部分。尤其是那些活泼的少年在这样的比较点当中犹如一面镜子一样，能够看见自己的生命及其现象，借此衡量自己的生命及其现象的各种价值。如果少年无法理解自身生命，不能从其本质、原因及其结果方面去意识到这一点，那么感知自身生命及活动性的那种感情便无法以人的意志为转移并不可抗拒地被压倒及剥夺。而理解自身的生命，清楚其本质、原因及结果，却是精明能干、体魄强健的少年所期望、所要求的，这是这种少年最内在，可以说维系其内在生命力的需求。这便是为什么儿童都喜欢听故事、传说、寓言及童话的根本性原因。假如这些故事、传说等所表达出来的是某一时刻所切实发生过的事情，或者它们通常说仅存在于某一精神活动与力的作用的领域，并且这些精神活动及力的作用自然应对儿童而言几乎是毫无障碍的，那么他们听讲时所显示出来的兴致更高。刚刚在儿童的心灵当中萌发出来的力，通过传说、童话、故事展现出来的在儿童面前的是已成长为盛开着的，美丽的，勉强能够模糊地预感到的花朵与结着丰硕果实的完整植物。当这种比较与儿童模糊的想象有着较大差异时，儿童的心灵与心情将会变得如此开阔，他的精神将会得到加强，其生命将会何等自由与有力的发展！

并非丰富的颜色本身吸引儿童的心，而是比多彩的色彩深奥得多的精神层面的东西，眼睛无法看到的东西，同样的，在童话与传说当中吸引他们的也并非随时出现的多姿多彩的形态，而是在这些形态当中表现出来的，作为儿童的精神与生命的标准的精神的事物。或者更进一步来说，这是对摆脱了束缚的生命的直接观察与对按照存在于自身当中的法则自动地发挥作用的力的直接观察。故事讲述展现的是他人与其他的关系、其他时间及场所，甚至完全已经是另一种形态了。尽管如此，听讲者会去寻求自己的形象，而谁都无法对他说"这便是你的形象"。

今天在我们审视的目光下，正在发展自身的力量与生命的、还在长辈膝下接受抚育的儿童，要求母亲讲述最为简单的故事，例如有关歌唱的、飞翔的、筑巢的、喂养雏鸟的鸟儿的故事，他们听这些故事已经不知多少次了，尽管如此仍然一再请求母亲复述这样的故事，难道不是有很多人曾看到和听到过的，甚至是亲自体验过的吗？我们现在乐于了解与洞察其生活的少年，他们的情况与此前说的也没有区别。"为我们讲一点故事吧，"经常听故事的孩子如此请求他们已有很多次了。"我知道的就是这么多了，我已给你们讲过了。""那么，就给我们说说这个或那个故事吧。""但是每个故事我都给你们讲过至少两三次了呀。""没关系啊，再给我们讲一次吧。"于是他开始讲故事，并看到其听众如何专心地听他的每一句话，他们似乎像从未听过一样，倾听从他嘴里说出的每一句话。你们能够看到，在听众的心中这一切是多么精彩，你们能够看到，真正讲述者的精神如何在真正的听讲者的心中活跃着，好像从自身内部高涨起来，要较量自己的力量似的。这就证明高度的精神力存在于故事当中，犹如鲜花朝向春天的太阳与五月的甘霖开放。精神呼吸精神，力感受着力并可以吸引力。故事是促使精神强健的真正精神营养，它是锻炼精神及力量的学校，是检验自我判断力与感觉的学校。因此，真正的、拥有这种效果的故事讲述也是不容易的，因为讲述者必须将他讲述的故事的生命力完全吸收到自身当中，使其完全自由地在自身的生活当中发挥作用。他必须完全而又不打折扣地再现这种生命力，并且必须站在超越这种现实层面展现出来的生命的立场上。这种站在超越生命的立场上来理解生活，并受到生活的激励，这便是真正的故事讲述者所应当去做的事情。因此，通常唯有青年与老人才可以讲好故事，生活在孩子当中与孩子共同生活的，并唯一懂得为培养孩子的生活而操劳的母亲也可以讲好故事。为生活所困扰与束缚的父亲，不得不处理生活当中的烦恼与需要、压迫与穷困等的父亲，他们不是不擅长讲故事，就是他们所讲的故事，难以被孩子喜爱，难以深入其生活，加强与提高其生活。对于纯粹现实生活当中还缺乏认识，还没有受到这种生活束缚，并经受生活锻炼的，可以说还站在此种生活外的年岁较大的兄长与姐姐，以及站在超越生活之上的立场上的富有经验、剥去人生坚硬外壳，或是通过外壳看见其内涵的祖父等老人，还有内心以满足的心情充斥着忠实执行义务的意识的历经艰险与锤炼的老仆人，他们深受聆听故事的少年的爱戴。在讲述过程中，既不需要加入有助实际应用的附言，也无需强调道德追求。在讲述过程中涉及生活，仅就其自身来说，不管以何种形态出现，甚至只是表现为发挥作用的力，在其原因、作用与结果方面给人们留下的印象，要比任何通过语言来补充的实际应用方法，还有强调的道德要求所给予人们的，以及能够给予人们的印象要深刻很多。否则，谁都能够知道，完全开启心灵的、已然激发出来的只是自我感知的生命的需求，曾经是什么样的，如今是什么样的。

我们为儿童讲述的故事太少了，充其量都是这样一些故事，其英雄人物都是一些人物模型还有我们以棉花填塞或是雕刻好的洋娃娃。

一名好的故事讲述者其本身就是一份非常珍贵的礼物，是听他讲故事的儿童享受的幸福。他给予儿童的影响是非常大的。他促使孩子们变得高尚，他越是没显露出这种念头，便越能让人变得高尚。我要向一名真正的故事讲述者致敬，带着崇敬的心情，并以感激的心情向他伸出手。然而他会得到比我的敬意更加美好的敬意：你们看，这些孩子的面庞显露出多么欢快的表情，他们的眼睛多么晶亮，孩子们发出兴高采烈的欢呼声来欢迎他，又有一群欢乐的少年围绕在他的周围，犹如快乐的歌手身边围着的一个由鲜花与嫩枝编织的花环。

然而处于这一年龄段的少年的确需要精神活动，尤其是需要与身体活动一致的精神活动。而唤醒并激发出来的内部生命也应马上有一个外部对象，以便可以展现自己，并且可以使自己稳定下来。因此，对于身处这一年龄段的少年，听故事始终要为了他们的需要与从他们自己的角度出发与创作外部作品的活动联系在一起。

　　为了让故事达到特别的效果，并给人以极为深刻的印象，还必须将
它与生活、同日常事物结合起来。邻人生活当中最不显眼的现象之一，
如今可以发展为非常重要的事件，它不但决定着其内部安宁与外部幸
福，而且也对其他很多人的生活有着深刻的影响。无论是在每一个个人
的生活领域当中发生的，还是在其熟悉的朋友那里遇到的什么事情，都
与日常发生的事件彼此联系在一起。因此，你们看，无论是哪个孩子，
这种现实的事件都会在其内心深处引发何等的激动与注意。听别人讲的
每一个故事，在他看来都是在夺取一件珍品，抓住一份财富，并以故事
教导的与指明的一切来充实自身生活，以提高自身并获得收益。

短途旅行与远足的好处

在自然界中进行户外生活，特别是对年轻人而言比一切都重要，因为这种生活对于人的发展、强身健体以及人格的培养有积极作用。通过这种生活，一切便有了生命层面的意义。因此，短途旅行与远足在少年与学龄期开始时，就应当作为优秀的教育手段与学校教学手段而得到高度的重视。因此，人假如要实现其生命的全部使命，完全达到他在现阶段层面的发展，如果他希望真正成为一个不可分割而又强有力的整体，那么他必须感觉、知晓和意识到自己不但与人类是整体，而且也与自然共同构成一个整体。这种整体感，为了让本身变为整体，必须从早期开始与人一起发展起来。人必须想象自然发展与人类发展之间的联系、自然现象与人类现象之间的联系，还有二者之间的彼此关联，比如，来源于自然的外部条件以及来自于人的内部条件的制约，对同一人的各种不同的印象，以便人可以尽可能地根据现象以及本质透彻地观察并了解自然，而自然对他而言，逐渐成为其应成为的样子：引导他达到更完善的境界的重要向导。

尤其是处于该年龄段的儿童，远足与短途旅行必须在所有自然现象融合、统一与活灵活现地结合的情况下，本着如下的信念进行，即通过生命与力的本质，必然要从统一当中产生多样化，从单一当中生成复杂，从貌似微小的事物中产生巨大的东西，并且会继续不断地以这种方式产生下去。在远足与旅行中呈现在旁观者眼前的一切事物，必然按照这种精神与信念进行观察。因而所有的孩子也全都在旅行过程中力求迅速掌握自然的整体风貌。越是已然充分地掌握了自然界相对完整的整体，对探索个别事物的乐趣也就越发浓厚。通过短途旅行与远足，儿童将会把自己居住之地看作是一个整体，并将感受到的自然看作是一个恒久不变的整体。没有这一点认识，一切远足对学生而言还有什么直接意义的精神层面的帮助吗？它对学生的帮助只能是用压抑替代振奋，以空虚替代充实。正如人将包围在自己身边的空气看作是属于自己的东西，并为了身体健康而不断呼吸新鲜空气一样，他也应将时刻包围着自己的纯洁清澄的自然看作是归属于自己的。因此，少年儿童应尽早从真正的关系与原本的联系上观察并认识自然。他应当通过远足率先认知其涉足的山谷，从其起点直到终点全面地对它加以认识。他应全面观察各条峡谷的分支。他应对其涉足的溪流或小河进行观察，沿着其流向从发源地直到河口进行全面的观察，并注意其地点出现差异的原因。他应去探索山脉，了解山脉的分支状况。他应当登上山巅，以便完整了解整个地区的地势与地理特点。实地观察将会向他说明，山岳、谷地的形状及构造，还有河流的走向是如何彼此制约的。他将观察山岳、谷地、平原、土壤以及河流的土产。他应力求在地势较高的场所与他在低洼地势处见到的鹅卵石及原野上的石块进行对比，探究岩层的区分与差异。少年儿童在远足与旅行的过程中还应对动物与植物依照其生活的自然状态及栖息场所予以观察，看它们是如何沐浴在阳光下以便汲取光和热，另一些又是怎样寻求黑暗、凉爽以及湿润的。他应当注意到，寻求阴影的动植物是怎样与提供阴影的自然界事物紧密联系在一起的，犹如后者产生的一样，而寻求光与热的动植物又是如何与发光的自然物与释放热量的自然物紧密联系的。在远足的过程中，少年儿童应从各方面去发现，栖息场所与食物是怎样制约着拥有高级生命活动的事物的颜色，甚至是形状，例如毛毛虫与蝴蝶以及生活在植物上的其他昆虫，无论其形状还是颜色，都是与它所属的植物紧密联系在一起的。他也将注意到，这种外部的相似性与关联性是动物自保的重要手段，高级动物几乎都在有意识地利用这种相似性来达到自保的目的，例如小鸟，尤其是筑巢的金翅雀，它们筑出的巢的颜色与它们的巢所在的树木及枝条的颜色几乎没有区别。甚至动物的生活习惯中，其活动的时间与外在颜色表现与光照的特点也是息息相关的，如白天的蝴蝶有着艳丽的色彩，而夜间活动的飞蛾却是灰色的等。

儿童通过亲自对事物间的这种永恒而活灵活现的自然联系的觉察与注意，通过直接的观察和自然观察，而并非是通过抽象性的单纯的课堂解释，儿童将会形成关于自然中所有事物及现象之间永恒的、活灵活现的内在联系的非常重要的思想，这种思想，无论最初如何模糊，但随着时间的推移会越来越明确。

人也是如此，首先是人的生活、工作以及职业，随后是人的社会关系、性格、思想方式以及行为方式，尤其是不同的风俗与语言（方言），所有的一切，在其旅行过程中都会以多方面的自然联系展现在他面前。然而所有的这一切，不管在现实生活还是在理论上，将留待儿童与少年在其发展与受教育阶段的后期去予以解决。

在迄今为止的关于人的自我发展的努力有着直接而必然的联系，并作为与这种努力相统一的事物所产生的教学手段及受其制约的教学方法的考察当中，数的常识、以研究形状为主的空间常识、说话练习、书法及阅读等这些从外界观察以及语言的练习中，产生的对少年儿童及学生的要求也就明确而肯定地展现在我们面前了。

由于这些教学对象按照其性质来说，要比至今探讨的某些对象出现得要晚一些，就是说，要等到此前叙述的那些作为基础的教学对象作为优先发展对象来实行并已经达到某个特定的节点时才会出现，所以这些对象的考察与说明也要相应地推迟，直到那些对象的说明彻底结束为止。然而以上的教学对象还是属于当前观察的少年期的后半期，因而对其的详细考察也必然地要与到目前为止考察的教学课题直接关联起来。

培养孩子对图形的常识

人们通过对外界世界的观察，还有对自身的语言练习已经使得人们对形有了观察和考察，引发了人们对形的认识。然而由于外界事物通常非常多样化，而外在特点是错综复杂的，因此形的观察，尤其是形的确定，是非常困难的，使得事情本身也就越来越向着只具有简单形状与形态的那些类别的事物倾斜，我们的认知向着局限于单纯平面的、等角或直角的那些事物倾斜。

然而，关于任何形的认知，归根结底是关于线条的认知，尤其是形通过直线的媒介而被人们所观察与认识。因而在对事物进行观察时，按照事物本身的特点，曲线很快就被丢弃了，而被观察的首先是以直线为基础的物质形态对象，如火炉的表面、时钟表面的玻璃、墨水瓶的边缘都是曲线，门扇和窗扇、窗框和镜框、窗的横档都属于平面和直线。

现在再依照事物的位置及方向的关系对事物及事物的各个局部及轮廓加以观察，例如两扇长的与两扇短的窗户彼此之间始终是平行的；一扇长的与一扇短的窗户是互成直角的，镜框的一条长边与一条短边同样是直角关系；关闭的两扇窗的横档是同一方向的。

同样还可以对椅子和桌子的腿等事物，还有桌子的桌面、棱角等按其方向、位置、数目、接合关系加以观察。还可以对房间依据其形状与位置，其墙壁的形状及方向，还有房间的屋角等方面加以观察。

就这样，从对平面的、复合形态的事物的观察，进而发展到对平面的、线条简单的物体的观察，乃至对立方体的、方柱形以及平板形的、角锥形的物体等的观察。假如学生或是少年从对物体的面与角的观察当中，认识到作为这种观察的基础的直线关系，从而明确了以线为基础的各种角度，并进而明确了构成各类形状的基础的线条可以勾勒出物体的轮廓，即形成形状的网，那样的话，对少年或对学生而言就会产生一种观察线条及线条关系的内在需求。这样，少年就发展到了对其进行真正的形状常识的教学阶段，首先是必然对他进行平面上的形的观察，还有知识教学的阶段。

关于在同一平面上直线构成的形状的研究应从观察个别线条作为起点，在观察时，最初这些个别线条被看作是没有彼此联系的或是无法结合在一起的，就其位置与方向而言，被看作是并行的、同方向的与非并行的，而后者又被看作是直角走向与成相同角度彼此倾斜的，同时应研究线条的数量、位置与方向是怎样彼此制约的；然后，将各个线条看作是彼此联系或是结合的，首先观察这些线条是否可以以及在什么程度上可以联系，其次是结合点的数量方面予以观察，再次是有关线的末端位置对线的结合点之间的关系，即关于线的末端是否在结合点之上或是在结合点外加以观察。进一步观察是结合起来的，还是相异的各个线条在结合点上的直接产物，观察角的数量以及角与线和结合点之间的关系，观察角的位置与形状。更进一步的是，从线对其所处空间的关系上对线予以观察，观察空间本身，观察首先由线的数量、位置，随后是角的数量、形式及位置所决定的空间形状。

迄今为止，所限定的空间以及塑造的平面全都是被孤立地加以观察的，如今必须将它们联系起来加以观察，首先是与线联系在一起，然后是与角联系在一起，最后是与面联系在一起。必须在面与面的结合，同种类与同名称，乃至不同种类、不同名称的面的彼此结合，并且或是仅仅在点上或在线（棱）上的结合，或是在面上、平面上重合的结合方式的情况进行观察。

观察的目标和最终结果是：若干名称相同，然而彼此之间种类各异的面，尤其是若干正方形与三角形（指等边三角形）彼此之间结合为某种形状，该形状在某些关系上重新成为同一的东西，也就是说，通常作为完全不同类型的形状的正方形与三角形在第三种形状下，可以说是重新相合了，例如三个正方形彼此重合地结合起来，通过它们的角组建成一个十二角形；四个三角形同样加以结合，也构成了一个十二角形。因此，十二角形就是由正三角形和正方形结合而得到的形状；然而十二角形是指示多角形的事物；多角形本身或无角多角形便构成了圆。研究通过直线限定的形状的形态常识，其极限或是目标在于让学生懂得圆，要求学生掌握圆与发挥人对圆的制约作用。

由于篇幅所限，这里不可能对"形的常识"部分的教学内部事物进行详细论述，也不可能阐明让这些观察明晰地展现出来的，尤其是通过数字及其法则以独特形态向各个方面重复表现的那些最具独特法则的活生生的整体。这里还需要进一步说明的是，少年发展的这一阶段当中形成的常识教学，与其过早地教孩子概括性地、脱离了形状与离开了个别的自我表现去观察形的真理，还不如更多地停留在形的多次重复表现以及对客观事实的观察上。在这一阶段上还必须避免各类关系的过于复杂的联系还有由此产生的复杂结论的推论。形的每一种关系应彻底单独地，但应尽可能通过多种形状并在极为简单与容易理解的联系中进行观察。

对倾斜线的观察应当从形出发朝着流畅地画出线条的目标前进。

增强孩子的阅读能力

阅读是与书写彻底相反的一类活动。书写与阅读犹如镜像般恰好背道而驰，恰似给予与获得的关系。给予是要以获得为前提的。严格来说，假如预先没有真正给予过，那么就不允许有获得，也不可能有获得，甚至根本无法理解什么是获得，根本不可能拿到要获得的东西并进行利用，根本无法掌握它。同样的，从这一观察角度出发，在眼前的个别情况下，阅读也必然是要晚于书写的。

教学过程必然要从事实的性质出发，并且不管是去认识它，还是表现它，都同样较为容易。因为少年本来已能按照与词语结合，并从属于该词语的最基本概念来加以阅读。阅读始终是到目前为止少年所书写的每个词语上进行的第二种不可分离地结合式的活动，这种活动，尤其是少年儿童在今后把自己思考的或是自己观察得到的东西写下来时，还要进行训练。

在通常意义上的阅读还有通常学校层面教育意义上的阅读，即我们的书面文字以及印刷体文字的字母和单词的阅读，如今是很容易被掌握的，以往花一年多的时间几乎无法让少年儿童读通，并已然成为孩子负担的东西，如今对少年儿童来说却是一种乐事，只需几天工夫就能轻松读通。

最为必要的一点是，认识与迄今被用于书写层面的大写罗马体字母拥有同样价值的印刷体字母。在这里，仅仅将二者在外部并列起来，例如仅仅说 i=I，或者 o=O 和 u=U 等，是不够的，而要尤为注意的是，一种字母的主线是如何包含在另一种字母当中的，我们的小写印刷体字母是如何从大写拉丁字母当中产生出来的。这二者的类似之处只需要稍加注意就会很容易被分辨出来。

在进一步学习阅读当代印刷体文字的情况下，可以利用各类教科书，特别是对于我们母语的初期的基本知识还需要极为必要的普及，尤其是作为一种发展手段而言，在使用上远比其他任何教科书都要优越。

如果让学生将读本上的一定的训练，例如蒂利希的读本 1818 年版第 3 页以后的练习，首先用迄今通用的字体书写在具有网格的石板上，然后与读本当中的文字加以对照阅读，那么，这种方式作为运用往往是已经确定的字体书写与运用当代印刷体文字阅读二者之间的联系手段，是非常有利、有帮助的。

少年在其总体发展的这一阶段当中，必须要做到的一点就是，他要明确、纯正地，用正确掌握的字母与单词进行阅读活动，他也应当通过就大小程度而言不同的发音间歇来表示并保持由联系所制约的各类划分以及组合。在此基础上，少年儿童进而发展到能够掌握他人思考的东西，并通过他人思考的以及感受到的东西来检验自身思考与感受到的东西，从而使自己提高到每一个既受人类本质本身制约，又受他个人本质制约的发展与训练阶段。更高程度地运用作图与绘画的阅读本领，为将来进一步的素质培养奠定基础。

教育理论概括与结论

至此，有关人从其存在及生存的最初时间开始，直到少年初期的形成、展现及其本质发展的诸多方面、阶段及条件，我们都已经进行了概括性的叙述。与此同时，借以人在被观察的这一阶段当中必然可以，也应当按这一阶段及其整个本性的要求获得发展（假如人的终极目标在于臻于完善的话）的手段，已按其内部联系，按其必然的交互作用以及自然分支，按其发挥重要作用等诸多方面展示到我们眼前。

或许有人会说："这一切都是非常美好的，只是对于我们的孩子来说已经派不上用场了。对我们的孩子来说，这种方法的应用已然太迟了，因为他们所处的年龄段已接近少年时代的末期，对他们怎能采用教导小孩子的办法呢？！他们必须要接受一些特殊的、直接能够影响他们未来的职业规划的与适合他们未来职业发展的教育，因为他们即将进入公民生活时期，即他们必须考虑为自身赢得面包与维持自身生计，或是帮助家长做事的时期已经迫在眉睫了。"不错，我们的孩子们如果现在才要去学习自己应去学的那些东西已经显得年岁过大，然而，当他们还是个小孩子时，处于少年初期的时候，我们为何没能满足他们必然要求的那种精神方面的需要呢？难道少年是为了其一生的这种发展而就此丧失了学习这些内容的权利吗？也许有人还会表示："只要少年们已经彻底长大成人，那时他们将会把这一切都弥补回来，那时他们将会有足够的空闲时间把这一切都给补上。"说出这种话的人们是何其愚蠢啊！假如我们愿意聆听自己心灵深处的话语并注意其中的内涵，那么我们的心灵一定对我们的话语表示明确反对。固然，有些东西在某些场合下是能够被挽回的（具体是哪些东西能够挽回，则不属于本文涉及的范畴），然而通常来说在少年时代，在人的教育与发展过程中被耽误的以及被忽略的东西却是根本无法被挽回的。难道我们作为男子汉与为人父亲的，也许还包括身为母亲的，不想在最后坦率地表达对于我们而言永远无法愈合的、贯穿人终生的流血的伤口，或者是我们心灵当中变得坚硬的、永远无法再次软化的部分，或者从我们的精神当中抹去为人的尊严的感觉与思想，以及从此形成的我们那永远无法再次开朗起来的心灵当中的永久污点吗？难道我们要将我们被错误引导的青年时代，尤其是少年时代所产生的所有后果全部掩盖起来吗？难道我们不希望在我们的心灵当中看到儿童时代的心灵当中被压抑的、枯萎的，乃至被扼杀的所有萌芽吗？难道我们不想为了孩子们的幸福而承认此前所说的一切事项与应当注意的一切事情吗？我们占据着非常重要的职位，我们从事着规模庞大的职业，我们经营着收益颇为可观的业务，我们善于生活，我们享受着精良的、上等的社会教育。然而所有的这一切，在我们只是单纯面对自身的瞬间，能否阻止我们内部教养的缺失与支离破碎的状况，以这样残破的状态展现在我们心灵之前呢？我们对于这类绝大部分根源于我们幼年时代所受教育不充分与不完善的内部教养缺失的感觉能否因为这一切而得到消除呢？

因此，我们如果想让自己的子女——哪怕他们已经是少年——尽管现在他们已处于少年时期的最后三分之一，甚至是最后四分之一的阶段——有朝一日能够成为能干、人格完整的人，并且，假如他们在其幼年期与少年初期时，对所应当学会与发展起来的那些素养至今还没有学会、尚未发展的话，那么我们必须追溯到其幼年时代与正在开始或已然开始的少年时代，以便至少使他们还有可能将欠缺的教育补上，不至于被耽误掉，使其还有可能挽回的教育历程被挽回来。这样的话，我们的孩子很可能在一年或是若干年后达到当年的教育目的，他们能够达到真正的目的而并非充其量达到虚伪的目的要更好并且好得多吗？我们想当一个熟悉实际生活的人，然而对真正实际生活的需求难道不是理解得非常少吗？我们想当一位实业家并且是具有先见之明的人，然而即便对于每个人而言都是显而易见的事情，难道我们不也是知之甚少吗？即使是非常需要对这些事做出估量的场合，我们不是时常无法做出正确的估量吗？我们自夸生活经验如何丰富，然而在我们原本能够从这些经验当中获取到令人振奋的结果的场合，所展现出的素养却极为稀少。我们一般会拒绝对自己青年时代进行回顾与反省，从这些回顾与反省当中，我们原本是能够为了自己的幸福以及我们孩子的幸福而学习到很多很多东西的。

我们将人们通过迄今所论述的一切关于发展人的教育及教学方法所形成的阶段和达成的目标进行了概括性的论述，并加以总结，那么，我们非常明确的一个看法是：少年已经达到了对其独立的精神自我与本质的预感，他已经能够感觉并认识到作为一个精神整体的自己。在他的身上，接受了一个既统一又多样化的整体的能力已然被激发起来。在他的身上，将作为如此的一个整体及其必然的各个部分，这个整体的本身，其存在，在其本质的统一与多样化中，通过自身以外的多样性展现出来的能力已然萌芽。这种能力应当被提升为一种熟练的技巧与具有把握性的能力，提升为一种意识，提升为一种观点及明确的思想，提升为生命的自由状态，这是应当从少年期开始的相应发展以及教育阶段当中的人的未来生活去加以解决的事情。指出达成这一目的的途径与手段，并在生活与现实当中进行实施，是本书作者终其一生要去解决的事情。[①] 在本书写作的过程中，正值本书写到的那个年龄阶段的、充满朝气与欢乐的、心情愉快、幸福地生活的少年儿童加入了我们的教育团体。本书就是以这个教育团体为出发点的。笔者在写作的过程中，这些少年儿童中的大多数曾经直接围绕在他的周围，一刻不停地游戏着，不断要求满足并滋养自己活动与生活的欲求，以达到自由地形成自己的素养与内心思想。如果说需要有一种外部条件来保证让作者在该书的写作过程中，能够写出最为真实内容的话，那么这些少年儿童就是这方面的担保人，并且，他们也会是促使作者继续写作出最真实内容的担保人。

[①] 福禄培尔在《人的教育》这本书中只将教育措施写到少年初期为止。福禄培尔曾有计划续写《人的教育》，然而这一计划最终没能实现。——译者注

附

福禄培尔年表

1782 年 4 月 21 日　福禄培尔出生，其出生地为德国图林根地区的施瓦茨堡——鲁道尔施塔特封地上的奥伯魏斯巴赫村，其父亲是一位牧师。

1783 年 2 月　母亲去世。

1797 年　在国民学校当中完成学业，随后在一位林务员身边当学徒。

1799 年　进入耶拿大学哲学院，主修自然科学及数学，其间结识了在该校任教的哲学家费希特和谢林，在此时期，福禄培尔深受这两位哲学思想的影响。

1802 年　父亲去世。

1805 年　应法兰克福模范学校校长安东·格吕纳之聘前往该校任教师。福禄培尔开始了自己从事教育工作的生涯，这是他一生当中的重大转折。同年前往瑞士伊弗东，首次对著名教育学家裴斯泰洛齐进行为期 14 天的拜访。

1806 年　开始在霍尔茨豪森男爵家担任家庭教师，直到 1811 年。

1808 年　带领两名贵族子弟第二次前往伊弗东拜访裴斯泰洛齐，在那里学习并任教直到 1810 年，深受裴斯泰洛齐教育思想的熏陶与影响。

1811 至 1812 年　在哥丁根大学进修。

1812 至 1813 年　在柏林大学进修。

1813 至 1814 年　加入卢真志愿步枪队，参与了反抗拿破仑统治的解放战争。其间结识了日后与之亲密合作的同伴米登多夫和朗格塔尔。

1814 至 1816 年　在柏林大学矿物学博物馆担任院长助理。

1816 年　在施塔提尔姆的格利斯海姆创办"德国普通教养院"。该校在 1817 年被迁往鲁道尔施塔特的凯尔豪。福禄培尔在凯尔豪办学的这段时间里，撰写了有关人的教育的系列重要文章，还有其代表作《人的教育》，提出了没有公开发表的有关建立统一学校的《赫尔巴计划》，并创办了《教育家庭》周刊等。

1818 年　与霍夫迈斯特女士结婚。

1826 年　《人的教育》一书公开发表。

1831 年　受政府迫害不得不流亡瑞士，并开始在瑞士进行办学活动。

1834 至 1835 年　在瑞士布格多夫任孤儿院院长。

1836 年　返回德国故乡图林根，并开始设计教育游戏，以帮助并指导母亲们改进其学前教育的方式方法。

1837 年　在勃兰根堡开办"发展幼儿活动本能和自发活动的机构"，并在此前研究成果的基础上，创制了游戏"恩物"及附带使用说明。

1840 年　将上述"机构"更名为"德国幼儿园"，这标志着世界上首家幼儿园的诞生。

1843 年　福禄培尔在总结自身幼儿工作经验的基础上，出版了其幼儿教育专著《慈母曲及唱歌游戏集》。

1844 年　幼儿园迁往巴特利本斯泰因的马林塔尔城堡。

1851 年　普鲁士政府发出对福禄培尔兴办的幼儿园的禁令，并禁止福禄培尔在普鲁士从事教育活动。

1852 年 6 月 2 日　福禄培尔在马林塔尔去世。

1861 年　福禄培尔关于幼儿教育的著作得以出版，名为《幼儿园教育学》。